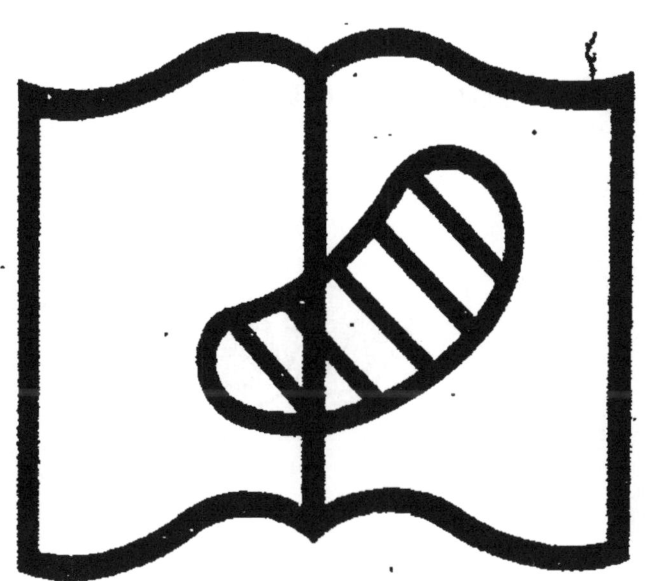

Original illisible

NF Z 43-120-10

"VALABLE POUR TOUT OU PARTIE DU DOCUMENT REPRODUIT".

ÉMILE GUIMET

CROQUIS

ÉGYPTIENS

JOURNAL D'UN TOURISTE

PARIS

BIBLIOTHÈQUE D'ÉDUCATION ET DE RÉCRÉATION
J. HETZEL, LIBRAIRE-ÉDITEUR
18, RUE JACOB, 18

CROQUIS EGYPTIENS

—

JOURNAL D'UN TOURISTE

LYON. — IMPRIMERIE D'AIMÉ VINGTRINIER.

ÉMILE GUIMET

CROQUIS ÉGYPTIENS

JOURNAL D'UN TOURISTE

PARIS

J. HETZEL, LIBRAIRE-ÉDITEUR

18, RUE JACOB, 18

1867

CROQUIS ÉGYPTIENS

JOURNAL D'UN TOURISTE

———

9 novembre 1865.

J'ai quitté Marseille à 3 heures de l'après-midi, à bord du *Mœris*, capitaine Énout, paquebot des Messageries impériales.

Les passagers étaient au nombre de 250, qui, ajoutés aux 80 hommes du bord, formaient un personnel assez nombreux.

Le temps était très-calme, mais couvert.

Longtemps nous longeâmes les magnifiques montagnes arides et déchirées qui avoisinent Marseille.

Je m'attendais à trouver beaucoup d'Anglais à bord, il est rare de n'en pas rencontrer en voyage. Je ne vis que des Français.

Il y avait bien de ces hommes au teint bronzé, au nez recourbé, aux yeux noirs et vifs, largement découpés, de ces hommes aux poses monumentales et sérieuses et dont les vêtements étranges et les coiffures éclatantes indiquent l'origine orientale. En les voyant on admire le cachet inimitable de ces Levantins....., puis on apprend que ce sont des Parisiens !

Ainsi nous étions tous Français, et le navire était réellement un morceau de la patrie qui s'en allait à l'aventure sur la grande plaine.

Malgré le calme du temps, je fus étourdi au début du trajet. Peut-être si j'avais eu à mes côtés quelque joyeux compagnon, je ne me serais aperçu de rien, mais j'étais seul. M. T. m'avait présenté à plusieurs passagers, mais, après quelques mots de conversation échangés, il fallut bien revenir à mon isolement.

La nuit tomba peu à peu, et tout d'un coup la machine du bateau s'arrêta. Un boulon venait de se casser, et il fallut allumer la forge sur le pont pour refaire la pièce avariée. Je vis, dans l'ombre, les matelots monter le long des cordages jusqu'au haut des mâts, afin de déployer les voiles, et, quand elles furent larguées, les lueurs de la forge incandescente venaient par intervalles éclairer ces énormes ailes de chauve-souris qui se balançaient sur nos têtes.

Mais le vent était faible et nous restions presque toujours à la même place, en face des feux de Toulon.

Alors j'allai me coucher sur un divan du salon. Enveloppé dans ma couverture de voyage, j'espérais y trouver plus d'air que dans ma cabine où nous étions quatre passagers.

A une heure du matin la machine se remit en marche. Ce premier accident nous avait retardés de cinq heures.

Vendredi 10 novembre 1865.

Je me réveille assez gaillard. Je mange et je me promène comme un vrai marin. Je me lie avec quelques passagers. La traversée promet plus d'agrément que la veille ; si le vent ne s'élevait pas un peu, ce qui donne un roulis assez fort, ce serait charmant.

Décidément le bateau se balance beaucoup trop. Je n'ai plus l'esprit à la conversation. Je prends un air sérieux qui m'inquiète. Subitement je descends dans ma cabine et, grimpant péniblement sur ma couchette, je m'y étends tout pâmé.

Une fois couché, cela va mieux. Certes je suis ballotté, mais le roulis se sent moins que sur le pont ; je suis plutôt bercé que remué.

Le temps ne se calmant pas, j'attends sur mon lit.

La nuit tombée, mes camarades de cabine viennent se coucher et déclarent que la mer est très-mauvaise. Le ciel est beau, mais il fait un mistral de tous les diables.

Peu à peu les mouvements du navire deviennent plus forts, plus violents. Les craquements augmentent.

Les passagers dorment ou font semblant de dormir.

Au dehors, les vagues frappent contre le vaisseau et lui donnent de fortes secousses. Le vent siffle; la mer gronde; le bâtiment se disloque de plus en plus.

Un mouvement trop accusé du navire à tribord renverse une cuvette dans une cabine. Quelques femmes poussent des cris.

J'ai souvent entendu parler des *harmonies de la mer en fureur*, je juge le moment propice pour les étudier. Mais quelle est la partition qui pourra rendre le mât qui craque, les poutres qui grincent, la vaisselle qui se casse, l'eau qui inonde, l'hélice qui vibre, les drosses qui ronflent, les chaudrons qui roulent dans les couloirs et les mille plaintes des malheureux qui ont le mal de mer?

Le roulis devient encore plus énergique; tout se brise dans les cabines. Chacun appelle les garçons de service, qui ne peuvent pas être partout.

Le tangage se fait sentir avec tant de force que les chiens hurlent, les enfants crient, les femmes gémissent et les hommes se fâchent.

J'ai entendu quelqu'un s'écrier :

— Garçon ! il n'y a pas de bon sens, empêchez donc le navire de bouger comme cela !

Et tout le monde de rire pendant que la mer mugit tout autour de nous.

Pour moi, je me sens roulé dans ma couchette comme un gâteau dans la farine.

11 novembre.

Le jour arrive enfin. La tempête ne fait qu'augmenter.

Le vent devient tellement violent, que pour ne pas briser l'énorme vaisseau on est obligé de mettre à la cape. Malgré la direction du vent qui souffle du N.-O., nous nous retournons du côté de Marseille et nous attendons.

Presque tous les passagers sont couchés et malades. On aurait grand'peur si l'on ne souffrait pas tant.

Le vaisseau secoué et tordu en tous sens a des trépidations formidables. Si un boulon vient à se casser, c'en est fait du *Mœris*.

La journée se passe ainsi.

A la nuit, nous pouvons reprendre notre route, mais la mer est toujours très-grosse.

12 novembre.

Le dimanche matin s'annonce meilleur et, à mesure que nous approchons des îles Lipari, le temps se calme. On se hasarde à monter sur le pont, où l'on apprend que la grande tempête a eu lieu entre la Corse et la Sardaigne, passage toujours dangereux.

Les îles Lipari, au milieu de la mer, ont des aspects charmants. L'une d'elles est coiffée d'un panache de fumée blanche formée par un volcan, le Stromboli. Un passager m'assure que c'est l'Etna. Un autre m'explique, pour tout arranger, que l'Etna et le Stromboli, c'est la même chose. Un troisième me certifie que ce n'est ni le Stromboli ni l'Etna. Je trouve qu'on s'instruit beaucoup en voyageant.

Enfin, après le coucher du soleil, on aperçoit le phare de Messine, puis les lumières de Scylla sur les côtes de l'Italie. Déjà les becs de gaz de la ville sicilienne apparaissent nombreux et serrés, et nous nous apprêtons à profiter de l'*escale* pour descendre quelques heures à terre.

Hélas ! nous avions oublié que les Messinois, terrifiés par le choléra, font subir aux navires des quarantaines inexorables et que c'est à coups de fusil et de canon qu'ils reçoivent les voyageurs qui veulent débarquer.

Ils ont raison, du reste, car, malgré la malpropreté de la ville, dans certains quartiers, le choléra les a épargnés.

Heureusement nous avons brûlé tout notre charbon, consommé toutes nos provisions, et pour nous ravitailler nous devons attendre en rade jusqu'au jour.

Je vais donc me coucher, avec l'intention de remonter sur le pont au point du jour, afin de jouir de la vue de Messine et d'admirer le superbe détroit qui sépare la Sicile de l'Italie.

13 novembre.

Mais il paraît que l'on s'est ravitaillé promptement, car, à minuit, nous levons l'ancre et la machine à vapeur reprend son mouvement.

A l'aurore, je m'habille à la hâte et je monte sur la dunette pour voir le détroit.

Ah! bien oui!

C'est à peine si j'aperçois encore à l'horizon les montagnes de la Calabre couvertes par les neiges.

La mer est assez calme, on largue les voiles et nous marchons rondement. Nous filons douze nœuds à l'heure. Nous en avons donc fini avec le mauvais temps.

Eh bien, pas du tout!

Au loin les vagues blanchissent; la brise fraîchit; la mer moutonne; le bateau commence à rouler.

Le tangage devient très-accentué.

Le temps se couvre. Les vagues sont déjà énormes, mais encore larges et majestueuses.

Le *crescendo* arrive peu à peu.

Les lames deviennent si grosses que le navire paraît diminuer de grandeur. On le voit ballotté en tous sens comme un bouchon de liége ; il n'a plus l'air de rien ; la mer en fait ce qu'elle veut.

Ce spectacle est magnifique et d'un grandiose qui fait frissonner. Les passagers commencent à descendre dans les cabines. Pour moi, soit l'attrait de ce que je vois, soit l'habitude que je prends du bateau, je n'éprouve aucun malaise et je reste à mon poste sur la dunette, quoique déjà, par deux fois, j'aie été complétement arrosé par les lames qui déferlent avec vigueur sur le pont. Mais avec un vent pareil l'eau de la mer sèche vite.

Quelle belle horreur qu'une tempête ! Le vent siffle dans les cordages ; le vaisseau se penche à droite et à gauche, au point qu'on dirait que le haut des mâts trempe dans l'eau ; on ne s'explique jamais pourquoi il ne chavire pas. Les vagues, hautes comme des maisons de deux étages, se succèdent l'une à l'autre et ont l'air de se poursuivre. Parfois le vaisseau descend et s'enfonce au milieu d'elles ; on se croirait englouti dans une vallée liquide ; on ne voit plus qu'un morceau du ciel brumeux et tourmenté. Puis, subitement, la mer prend le navire en le renversant et l'enlève comme une coquille de noix, vingt mètres plus haut, sur la crête d'une vague monstrueuse ; après quoi il se précipite de nouveau pour remonter encore.

Quelquefois, il arrive un moment de calme dont on ne se rend pas compte. Les marins l'appellent une *embellie*. Il semble que l'apaisement soit complet et que la mer n'ait plus ni colère ni furie. On respire.

Mais, tout à coup, le gouffre s'ouvre et la tourmente recommence de plus belle.

Nous ne sommes plus sur le pont que trois passagers ; il est très-difficile de s'y tenir ; à chaque instant le sol vous manque et les lames balayent et renversent tout ce qui s'y trouve. Quoique je me retienne des deux mains aux cordages, les secousses deviennent intolérables pour un marin novice comme moi et je me résigne à descendre au salon.

Mais, dès que je me trouve enfermé, le malaise me prend. J'essaie de me rendre à ma cabine. Je n'ai plus aucun sentiment de la perpendiculaire. Égaré dans un étroit couloir que le roulis ballotte en tous sens, je ne sais plus si je dois marcher sur le parquet ou sur les murs. D'ailleurs, le couloir est plein de gens couchés que le mal de mer a pris là où ils sont ; et pour ne pas les écraser je perds l'équilibre et tombe sur eux. Il faut dire qu'ils n'y font pas attention. Je continue ma route, moitié roulant, moitié marchant et j'arrive à mon lit..... Il n'est pas trop tôt !

Il paraît que ce que j'avais vu sur le pont n'était rien en comparaison de ce qui devait arriver pendant la nuit. La tempête fut affreuse. Deux trombes, phénomènes rares dans la Méditerranée, passèrent tout près du navire et auraient pu l'engloutir. Bref, il fallut toute l'intelligence des officiers du bord et toute la force du bâtiment pour que le naufrage n'eût pas lieu.

14 novembre.

Toujours au lit. Le mauvais temps persiste avec une ténacité sans exemple. J'apprends qu'un cheval que M. P... emmenait en Égypte a été tué sur le pont par la tempête, malgré toutes les précautions qu'on avait prises pour lui faire faire le voyage convenablement.

A plusieurs reprises j'essaie de quitter ma cabine; mais, épuisé par la privation de nourriture, je ne puis en trouver la force, et tremblant, les larmes aux yeux, je regrimpe sur mon lit.

Pourtant, après m'être forcé à avaler un bouillon, je parviens à monter sur le pont à neuf heures du soir et le grand air me remet tout à fait.

Le temps est calme relativement.

C'est le lendemain que nous devions toucher Alexandrie si nous n'avions été retardés par l'accident de la machine et par les tempêtes.

15 novembre.

Encore du mauvais temps. Je reste au lit presque toute la journée.

16 novembre.

Je prends mon courage à deux mains; je monte sur le pont. Malgré le roulis, je déjeune et je dîne au salon ; je me grise un peu; je fais des calembours dans le genre de celui-ci :

— Voulez-vous du porc frais ? me demande-t-on.

— Merci, il y a longtemps que j'ai renoncé à y toucher.... au port.

On nous annonce que nous arriverons à Alexandrie dans la nuit, *mais* que comme l'entrée du port est fort dangereuse on louvoyera jusqu'au jour.

Aussi, presque personne ne se couche, et avant l'aurore tout le monde est sur le pont pour voir la ville.

17 novembre.

Le jour se lève et l'on se trouve en pleine mer. Déception.

On consulte les officiers du bord, qui ont l'air de convenir qu'ils ne savent plus trop où ils sont.

Nous apercevons quelques navires que la tempête a démâtés et qui s'en vont au gré des vagues.

A sept heures on crie « terre! » et l'on voit un petit point à l'horizon. C'est le phare d'Alexandrie.

Peu à peu, en plein soleil levant, la ville se présente avec ses fortifications écrasées et sa forêt de mâts de vaisseaux.

L'entrée du port est excessivement difficile à cause des rochers à fleur d'eau qui s'y trouvent. Nous voyons hors de la mer la mâture des bateaux échoués contre ces récifs, probablement pendant les tempêtes dernières.

A peine avons-nous mouillé dans le port qu'une masse d'embarcations se précipitent sur le *Mœ-*

ris. En tête est celle de la santé ; l'officier turc
qui la commande monte à bord et demande à
voir tous les passagers pour s'assurer de l'état
sanitaire du navire ; mais, comme les uns font
leurs paquets dans les cabines, les autres dejeu-
nent ou se promènent, on en prend une vingtaine
de bonne volonté qui passent et repassent devant l'officier jusqu'à ce qu'il en ait compté deux
cent cinquante. Alors il déclare qu'il en a assez
vu et permet de débarquer.

Ici commence une des scènes les plus curieuses que j'aie vues. Tous les hommes qui montent
les barques s'élancent pour grimper sur le vaisseau afin d'en transporter les passagers et les
bagages. C'est une véritable bataille, un assaut,
un fouillis de costumes pittoresques, éclatants
et bizarres, une grappe humaine toute bariolée.
Et tout cela crie, hurle, se bouscule, se mord, que
c'est une bénédiction !

Mais voici venir une superbe barque conduite
par seize jeunes rameurs coiffés du tarbouch
rouge et vêtus de blanc. Près du gouvernail,
sur des coussins bleu et argent, se prélasse
Ali-Pacha ; il vient chercher ses cinq petits
enfants qui arrivent de France. A la proue se
tient un intendant, vêtu de couleurs sombres ,

la tête recouverte d'un énorme turban ; un large
cimeterre est passé dans sa ceinture ; ses bras
sont nus et sa main chargée de bagues tient un
bâton avec lequel il frappe sur les bateliers des
autres barques pour les faire écarter.

Quant à moi, afin d'éviter tout encombre,
j'attends pour descendre à terre que la bagarre
soit passée. M. Bazin, qui voit mon embarras, me
dit que son représentant est venu le chercher
avec des barques et des gens sûrs ; il me pro-
pose de se charger de moi ainsi que de mes effets, et, avec peut-être un peu d'indiscrétion,
j'accepte son offre.

De la sorte je n'ai à m'inquiéter de rien, ni
des bagages, ni de la douane, ni des passeports,
ni des bateliers, ni des portefaix, ni des voitures pour aller à l'hôtel, ni de moi-même. Tout
est prévu et au grand trot des chevaux nous nous
dirigeons vers l'hôtel Abbat, à travers les rues
d'Alexandrie.

Quelle population bigarrée et singulière que
celle d'Alexandrie ; son aspect seul vaut le
voyage. Et quelle animation ! tout le monde
court. Les longs vêtements aux couleurs vives
flottent et se croisent. Les Européens, étendus
dans des calèches précédées de coureurs aux

longues manches blanches semblent vouloir écraser tout ce peuple qui grouille. A chaque pas l'on aperçoit des gens montés sur de petits ânes dont la selle a un pommeau si volumineux que l'on croit voir trotter des dromadaires en miniature; derrière est un gamin à moitié nu qui harcelle la bête en courant. Puis, au milieu de tout cela, passent gravement des chameaux dont le pas lent et cadencé fait balancer les énormes charges qu'on leur fourre sur le dos.

Entre deux rangées de boutiques arabes, faites comme des placards et dans lesquelles on ne voit guère en montre que le marchand qui fume sa pipe ou qui cause..... nous arrivons à la place des Consuls, ornée par des ombrages rudimentaires et des jets d'eau d'un pied de haut.

A peine installé à l'hôtel j'entends des chants sous ma fenêtre. C'est un enterrement qui passe. Peut-être celui d'un cholérique. Les parents, coiffés de turbans blancs et se tenant par la main sur huit de front, chantent en pleurant; puis viennent des serviteurs des mosquées portant des vases consacrés; enfin le cercueil, couvert d'étoffes aux couleurs gaies et surmonté d'une espèce de petit bonhomme en soie dorée. Derrière marchent les femmes, vêtues de grands voiles sombres; à leur nez pend une sorte de barbe en mousseline blanche qui leur cache la figure et se termine en pointe sur la poitrine.

Tout ce monde chante assez juste et dans une tonalité mineure qui n'a rien d'étrange pour une oreille européenne.

18 novembre.

Je me promène au hasard par la ville, stupéfait de la malpropreté de certains quartiers.

Je tombe au milieu d'une foire arabe où des sauteurs font des culbutes au son d'une musique de tambourins et de fifres ; les musiciens vont toujours crescendo, sans doute pour animer les sauteurs à mesure qu'ils épuisent leurs forces. C'est, du reste, le système employé par les danseurs espagnols.

Après déjeuné, je vais à la recherche de M. D..., dont j'ai fait la connaissance à bord. J'ai beaucoup de peine à le trouver, car ici les rues n'ont pas de noms, et les maisons pas de numéros. Pourtant, après avoir traversé une énorme cour, pleine d'immondices et entourée des colonnades d'un beau *patio* à moitié ruiné, je monte un large escalier tout disloqué et garni d'Arabes malpropres qui mangent du riz avec les doigts. Je traverse une immense galerie délabrée, je m'enfonce dans une cage d'escalier toute noire, je marche, en montant, sur des aveugles qui dor-

ment dans les coins pour éviter la lumière du soleil, et, enfin, je trouve une porte très-propre ; je
l'ouvre et j'apprends que M. D... est sorti. C'est
égal, je ne suis pas fâché d'avoir vu un intérieur
alexandrin.

Ce soir, pendant que j'écris tout cela, j'entends
dans la nuit des bruits étranges. Tantôt c'est une
joyeuse compagnie qui rentre, en chantant des
airs impossibles ; tantôt ce sont les « Haôh! »
des Albanais, sergents de ville du pays, qui toutes les heures se crient le mot d'ordre pour s'assurer qu'aucun d'eux ne s'endort sur la borne qui
lui sert de guérite ; tantôt c'est un concert de
chiens errants qui hurlent comme le tonnerre.

Et là-dessus je vais me coucher dans ma
moustiquaire, qui ne sert, je crois, qu'à empêcher les cousins qui m'entourent de s'en aller.

19 novembre.

J'ai quitté Alexandrie en compagnie de M. Bazin
et de plusieurs passagers du *Mœris*. Grâce à
quelques bakchichs (étrennes) donnés aux employés, nous avons pu avoir un wagon pour nous
seuls, et le voyage a été d'une gaieté charmante.

M. G... R... s'adresse à un homme de service
pour lui faire ouvrir un vasistas de la voiture.

— Pardon, Monsieur l'employé, voudriez-
vous avoir l'obligeance de baisser cette vitre ?

L'autre ne bronche pas.

— Allons, vilain mauricaud, veux-tu baisser
ça !

Et l'ordre s'exécute immédiatement.

Les environs d'Alexandrie sont tristes, plats,
sans verdure. De temps à autre, on aperçoit sur
une légère éminence un groupe de tas de fumier,
les uns coniques, les autres cubiques, d'autres
cylindriques ou sphériques. Cela représente un
village égyptien, dont les maisons, construites
en terre comme des cabanes de castors, sont re-
couvertes de flente d'animaux, qu'on fait sécher

au soleil pour en former une sorte de tourbe à
brûler.

Si le village a de l'importance, il est dominé
par quelque marabout blanchi à la chaux ou par
le minaret d'une petite mosquée.

A Kafr-Zayat, il y a un buffet assez bien tenu
où l'on peut déjeuner. Comme il n'y a pas deux
heures que j'ai mangé à Alexandrie, je m'asseois
pour causer.

— Que désire Monsieur? me demande un
garçon.

— Rien.

— Alors il ne faut pas vous asseoir, ou bien
on vous fera payer comme si vous mangiez.

— Vraiment? Et combien cela me coûtera-t-
il?

— Huit francs.

Il faut convenir qu'en Egypte les chaises sont
plus chères qu'au jardin des Tuileries.

Pourtant j'ai causé assis et je n'ai rien donné.

Ici, les chemins de fer n'ont aucune barrière;
une foule bigarrée entoure les trains et demande
des bakchichs. Il y a là de beaux gaillards qui
ressemblent à des bas-reliefs du temps de Sésostris, et qui ferment toutes les portes des wagons au moment où l'on va y monter, à seule

fin de les ouvrir devant vous et de tendre la main.

Nous traversons de grandes cultures de coton et quelques rares champs de maïs. On ne sait plus ici ce que c'est que le blé ; le roi coton (ou le coton du roi) a tout envahi ; ça nourrit peu, mais ça garnit la bourse du pacha et les dents creuses du pauvre fellah. Après ça, peut-être que le fellah, lui aussi, s'est enrichi ; mais il n'en laisse rien voir de crainte des impôts.

Après avoir salué le Nil, ou du moins un de ses bras (la branche de Rosette), que nous traversons, nous arrivons à Tentah, ville importante par sa grande foire qui réunit toute l'Egypte pendant un mois. Tentah, qui est une ville sacrée, a quelques monuments religieux ; mais, à part ses habitations européennes, elle est bâtie de boue et de crachats.

Pendant que le train s'arrête, je considère un sorcier du pays dont le costume défie toute description. C'est un vrai bazar turc ambulant, il a de tout sur le corps ; qu'on ajoute à cela de grands cheveux noirs et frisés tombant sur les épaules, et une vaste peau de mouton aux poils longs et soyeux, on aura une faible idée de ce personnage qui porte des bijoux aux chevilles, une culotte en guenilles et, pour canne, une sorte d'épée nue qui pourrait bien être un tourne-broche.

Plus loin, à une autre station, nous apercevons une école de petits garçons en plein air. Les moutards sont accroupis sur deux rangs, le nez tourné contre un mur et abrités par un magnifique arbousier en fleurs. Ils se balancent d'arrière en avant, en récitant à haute voix des versets du Coran. Pendant ce temps, le magister, armé d'une longue latte en palmier, leur distribue sur le dos, à tour de rôle, de vigoureux coups de bâton ; il n'en épargne pas un et ne s'arrête pas un instant. Est-ce une punition ? Est-ce une pénitence religieuse ? Est-ce un encouragement au travail ? Je ne sais. Ce qu'il y a de certain, c'est que les coups ne cessent pas plus que les cris de ceux qui les reçoivent, et que c'est là une curieuse manière de développer l'intelligence des jeunes fellahs et de les élever dans la crainte de Dieu et du courbach.

A Bennah, nous quittons le train qui va jusqu'au Caire, et nous nous disposons à prendre l'embranchement de Zagazig pour aller au canal de Suez.

Le convoi de Zagazig est là qui attend. Seulement il faut prendre ses billets, chose matériellement impossible, vu qu'il n'y a pas de gare, et, par conséquent, pas de bureaux pour les prendre. On s'informe inutilement; les employés, que, par parenthèse, on ne sait à quoi reconnaître, font la sourde oreille et paraissent très-décidés à ne donner aucun renseignement à cet égard. Nous avons appris plus tard qu'il n'est pas d'usage de se munir de billets; on donne un pourboire au chef de train et l'on se met où l'on veut; c'est beaucoup plus commode pour l'employé et pour le voyageur; reste à savoir si cela fait les affaires de la Compagnie du chemin de fer.

Pourtant, à force d'insister, on nous donne les billets demandés; puis, au moment où nous allons faire mettre nos bagages dans le train, le voilà qui part! Mais on nous fait signe de ne pas nous inquiéter. En effet, il va seulement cent mètres plus loin pour forcer les voyageurs à charger leurs colis sur le dos des nombreux fellahs qui attendent là cette bonne aubaine de bakchichs. Puis, quand on a bien couru après le train, quand on s'est bien battu et disputé avec les Arabes qui vous emportent vos sacs de nuit dans toutes les directions pour faire du zèle, quand on a distribué beaucoup de bakchichs et

encore plus de coups de canne, le train revient
devant le quai de débarquement d'où il est parti.
Le tour est fait.

Alors, pour prendre l'embranchement, on vous
promène sur un système d'aiguillage compliqué.
Les ordres se donnent en anglais, en français
ou en arabe, et ne sont pas toujours compris.
Les aiguilleurs se trompent souvent, et il faut,
dans ce cas, recommencer la manœuvre. Enfin,
quand on est sur la bonne voie, la locomotive se
détache du train pour aller chercher des wagons
qu'on a oubliés; elle s'en approche, mais comme
on n'a mis personne pour les accrocher au ten-
der, elle repart sans rien emporter. C'est à refaire.

Pendant toutes ces allées et venues, les employés crient beaucoup. L'Arabe, avec ses consonnes aspirées, a, dans son langage, quelque
chose de bizarre. Quand il est en colère (et il ne
donne jamais un ordre sans paraître furieux), sa
parole devient terrifiante. Dans la conversation,
il a l'air de parler avec un marron brûlant dans
la bouche; s'il se fâche, ses lèvres lancent du
feu, sa langue pétille.

Les dépêches que nous emportons ont sans
doute le temps d'attendre; quant à nous, nous

considérons ce qui nous entoure. Ce sont des Arabes qui viennent faire leurs ablutions dans le canal, ou des buffles qui reviennent du travail, se vautrant dans la vase et mangeant de longues tiges de maïs qu'ils tiennent par le bout, comme on fume un cigare. Ou bien c'est une noce qui passe en chantant; les femmes, couvertes de voiles colorés, la tête ornée de sequins, sont montées sur des chameaux trois à la fois, et les malheureuses y sont secouées comme il n'est pas permis. Ou bien encore c'est une maison que l'on construit avec des briques crues, de la paille et de la boue; vu les retards ingénieux des chemins de fer égyptiens, nous avons l'espoir de la voir terminée avant notre départ.

Nous partons pourtant. Le pays que nous traversons est beaucoup plus riche et plus boisé que celui que nous avons vu ce matin. Les villages ont de véritables maisons et des monuments pittoresques. Quoique tout soit construit en terre grise, il y a des détails d'architecture et des touches de couleurs vives autour des fenêtres qui viennent relever l'aspect général. Ordinairement un canal longe le village et des palmiers le dominent. Et puis le soleil couchant vient animer tout cela de teintes séduisantes.

On voit dans les canaux des hommes qui, au moyen d'une petite escarpolette creuse et légère, suspendue à leurs mains, font remonter l'eau dans un canal supérieur destiné à arroser les cultures ; ce mode élévatoire, tout primitif qu'il soit, rend de grands services et se pratique au moyen d'un mouvement cadencé fort gracieux.

Parfois, on voit dans la campagne un caroubier séculaire tout couvert d'énormes fleurs blanches. Le train s'approche et les fleurs s'envolent : ce sont des ibis qui se promènent d'un vol pesant comme des corbeaux couleur de neige.

Arrivés à Zagazig, nous nous rendons au plus tôt à l'agence de la Compagnie de l'isthme de Suez, où nous devons trouver une barque, qui, par le canal d'eau douce, nous mènera jusqu'à Ismaïlia Nous traversons un énorme campement d'Arabes qui apportent leurs denrées au chemin de fer. Il y a là, au milieu des tentes et des bestiaux entravés, des montagnes d'épis de maïs, de graines de douhras, de grosses fèves et de lentilles écarlates ; tout cela est jeté sur le sable ; on n'a pas encore eu l'idée de construire une gare de marchandises.

Parvenus à la cahute qui sert de bureau à la Compagnie, nous apprenons que nous n'avons

qu'un quart d'heure pour aller chercher nos bagages à la gare et pour nous munir de provisions
de bouche, car il n'y a pas le moindre restaurant
dans la barque-poste que nous allons prendre.

Nous divisons la besogne et, tandis que ces
messieurs vont aux bagages avec une longue
charrette traînée au trot par une vache, je pars
avec M. H... à la recherche du village français
où l'on vend des conserves et du pain. Au
bout d'un quart d'heure, nous y arrivons et
nous trouvons un magasin parfaitement appro-
visionné. Nous faisons porter nos achats par un
gamin arabe en lui disant de nous reconduire à
la Compagnie par le chemin le plus court. En
route, nous rencontrons M. L... qui revient des
bagages et nous apprend que nous sommes dans
une mauvaise voie, qu'il faut retourner sur nos
pas; l'enfant veut protester, on l'engage à se
taire et nous marchons en sens inverse.

Tout d'un coup, le chemin s'arrête interrompu
par une digue. Le gamin prend un air triomphant
et on le remet de nouveau à la tête de la caravane.

Alors, craignant de trouver la barque partie,
nous pressons le pas et nous traversons dans la
nuit, arrivée presque subitement, des endroits

incroyables, escaladant, sautant, renversant, brisant. C'est une vraie course au clocher! Puis nous nous engageons dans le village arabe au milieu des cabanes en terre serrées les unes contre les autres. Les rues ont juste la largeur des pieds et, sans notre moutard, nous ne pourrions nous tirer de ce labyrinthe ingénieux et malpropre. A chaque porte de maison, grouille une population peu parfumée qui nous regarde passer avec de grands yeux indifférents. Quelques habitants dorment déjà, couchés le long des murs; on les piétine en courant et ils se relèvent brusquement en demandant pardon.

Enfin, nous arrivons à la barque; il y a une petite cabine dans laquelle l'on se tiendrait trois à l'aise. C'est là que nous devons passer la nuit au nombre de sept.

Nous avons eu tort de tant nous presser, on nous fait attendre les dépêches encore longtemps. Pourtant le bateau finit par s'ébranler; les bateliers entonnent le fameux « La Allah ali Allah! » (il n'y a de Dieu que Dieu) pour se donner du courage. Le verset est chanté alternativement par le *reïs* ou pilote et par les rameurs. Après le passage des écluses nous sommes tirés par deux mules.

La soirée se passe gaiement. Le souper est trouvé fort bon.

A minuit, nous stationnons à Tel-el-Kebir, exploitation agricole de l'isthme. Je trouve là quantité de personnes de connaissance que je ne m'attendais pas à rencontrer au désert. Il est vrai que Tel-el-Kebir , grâce à l'eau du Nil qu'on y fait venir, est déjà un vrai paradis terrestre.

20 novembre.

Au matin, nous arrivons à Ismaïlia, ville créée
pour le canal de Suez. C'est fort curieux de voir
cette cité improvisée au milieu des sables. Jardins, palais, églises, mosquées, entrepôts, chantiers, une volonté et une idée généreuse et grandiose ont fait tout cela!

Quand les arbres des jardins seront un peu
plus grands et ne ressembleront pas à des asperges en graine, la ville sera fort agréable à voir,
dominant le lac Timsah aux eaux bleues et aux
berges mamelonnées.

Après quelques heures de repos, je reprends la
barque-poste avec M. G...R...M. Bazin doit nous
rejoindre à Port-Saïd, sur la Méditerranée.

Nous naviguons sur le canal salé qui réunit les
deux mers. Ce n'est pas sans un sentiment profond d'admiration que nous traversons la superbe
tranchée d'Elgirch. Qu'on se figure des talus de
cinquante mètres de haut se dressant à droite et
à gauche du canal, et, tout le long de ces berges
colossales, des chemins de fer travaillant acti-

vement au déblaiement des terrains ; de distance en distance, des excavateurs puissants creusent le sable et remplissent les wagons à mesure qu'ils passent.

Les travailleurs de tout le littoral de la Méditerranée sont occupés à cette gigantesque entreprise ; les Grecs dominent pourtant, surtout ceux des îles ; ils se trouvent sans ouvrage depuis la destruction de la piraterie dans les îles Ioniennes. Inutile de dire que tous ces ouvriers ne sont pas la fleur des pois de la civilisation européenne, et que les entrepreneurs leur préfèrent de beaucoup les Arabes et les fellahs.

Au milieu des travailleurs, j'aperçois un jeune homme à cheval qui m'appelle par mon nom, et je reconnais L... B... C'est décidément le boulevard des Italiens que ce désert.

21 novembre.

A quatre heures du matin, nous arrivons au *kilomètre 20,* le pays n'a pas d'autre nom. Nous trouvons là le canal dans sa largeur définitive, et un petit bateau à vapeur très-confortable nous conduit à Port-Saïd qui forme l'extrémité du canal et le port d'entrée sur le golfe de Péluse.

Nous demandons l'hôtel Pagnon, et l'on nous indique un quai sur le bord de la mer où se trouve une suite de cabanes et de chalets à un étage. Nous parcourons à plusieurs reprises cette file de maisonnettes échappées à une boîte de jouets d'Allemagne, sans rien trouver qui ressemble à un hôtel. Heureusement une dame sort d'un de ces joujoux de sapin et nous dit :

— Ces messieurs cherchent sans doute l'hôtel ?

— Oui, Madame.

— C'est ici.

Et elle nous fait entrer dans un petit magasin de quincaillerie.

Là, nous apprenons que, comme il n'y a à Port-

2

Saïd ni pierre, ni chaux, ni plâtre, ni maçon, ni rien, on fait venir de France des petites maisons toutes faites que l'on monte sur le terrain à la suite les unes des autres. L'hôtel se compose d'une vingtaine de ces chalets. Il faut faire un kilomètre pour aller de sa chambre à la salle à manger.

Du reste, toute la ville est construite ainsi.

Ce qu'il y a de curieux à voir, ce sont les travaux du port que l'on bâtit avec d'énormes blocs de ciment hydraulique que l'on jette pêle-mêle dans la mer pour former les jetées. Il est aussi très-intéressant de visiter, dans les immenses ateliers de construction, les machines qui doivent servir à toute l'exploitation du canal.

La population est des plus mélangées. Les Levantins ont fini par adopter la blouse et le pantalon de nos ouvriers français; les Européens ont peu à peu revêtu le costume arabe, si bien qu'on ne s'y reconnaît plus du tout. Ajoutons à cela la confusion de toutes les langues possibles, et on aura une idée de l'aspect que présente la grande rue de Port-Saïd à l'heure où les travaux finissent et où tous les ouvriers se promènent en foule devant les bazars nauséabonds que les Grecs ont établis presque en plein vent; c'est ce groupe de boutiques aux odeurs de poissons secs, de salaisons, de viandes gâtées, de fromages et d'huile rance, qui forme la partie la plus vivante de cette ville provisoire.

22 novembre.

C'est aujourd'hui le jour de la *Sainte Cécile*; au lieu de passer mon temps gaiement au milieu de sociétés musicales, comme c'est mon habitude, je me promène à travers ces cabanes insignifiantes, attendant M. Bazin qui ne vient pas.

Il y a de mauvais bruits, ce soir, qui circulent par la ville. On raconte que la nuit passée il y a eu quatre tentatives de vol avec effraction. Tout à l'heure, en plein jour, un Grec a tiré sur un *cavas*, sorte de sergent de ville. A chaque instant des détonnations d'armes à feu retentissent et l'on ne peut savoir si c'est un chasseur ou un assassin que l'on vient d'entendre.

Aussi, en rentrant le soir dans ma chambre, ce n'est pas sans inquiétude que je considère cette cage à mouches qui me sert de logement, cette espèce de château de cartes, posé à fleur de terre, avec des murs en planchettes, des portes qui ferment mal, des fenêtres qui ne ferment pas et aucun volet extérieur.

Par prudence je mets mon revolver sous mon traversin et je m'endors l'oreille tendue. Mais je ne suis attaqué, pendant mon sommeil, que par les mouches, les moustiques et de petites arai-gnées noires qui viennent me sucer le cou.

23 novembre.

Je passe mon temps à attendre que M. G..... ait terminé ses affaires. M. Bazin est arrivé, mais il est si occupé qu'il n'y a pas moyen d'en jouir.

Faute de mieux, j'examine dans les rues larges et désertes, des clubs de fellahs accroupis sur le sable au gros soleil, des chèvres qui broutent du charbon ou des chiffons, ou des buffles aux os saillants qui paissent en imagination sur la grève aride, en attendant qu'on les tue pour en faire *du bœuf*.

Enfin, à quatre heures, M. G..... n'en finissant pas, je pars tout seul pour Ismaïlia, par la *dahabieh* (barque-poste). En route, je fais boire du vin et manger du jambon aux bateliers arabes, qui ne consentent à cette infraction à la loi de Mahomet que parce que j'ai eu l'idée de les faire venir séparément dans la cabine et qu'aucun d'eux n'a été observé par les autres pendant qu'il goûtait aux aliments défendus.

24 novembre.

Arrivés à la pointe du jour à Ismaïlia, j'y passe la journée à m'y ennuyer royalement. Enfin, le soir, je reprends le bateau-poste et je quitte la ville, où, pour me servir d'une expression consacrée ici, on vend l'*embêtement* à 16 francs par jour.

Je fais la route avec des employés de l'isthme et j'arrive à Zagazig avant l'aurore et par une pluie battante.

25 novembre.

Pourtant le soleil levant dissipe les nuages et je vois les fellahs et les Arabes, enveloppés dans leurs *abaïe*, venir grelottant et toussant faire leurs ablutions religieuses dans l'eau glacée du canal. Après quoi ils exécutent leurs salama-leks en s'inclinant du côté de l'Orient, et leurs lèvres tremblent plus à cause du froid qu'à cause des prières qu'ils marmottent.

J'entre peu à peu au cœur de la ville, située sur un des bras du Nil, et chaque pas me fait découvrir un point de vue pittoresque, une scène caractéristique, une étude de mœurs ou un tableau oriental. Cette fois-ci me voilà en plein dans la couleur locale, et, pourvu que je ne regarde pas ma redingote européenne, il me semble vivre dans un conte des *Mille et une Nuits*.

La ville se réveille et s'anime. Dans ce coin, sur le bord du fleuve, à l'abri d'un large acacia surmonté d'un palmier, est un groupe d'hommes *enturbannés* qui, agenouillés à côté les uns des autres, se livrent à la prière du matin. Ils réci-

tent leurs versets à haute voix et à chaque instant portent les mains à leurs turbans et s'inclinent jusqu'à terre. Plus loin c'est un homme
qui poursuit une femme un bâton à la main et
l'injure à la bouche ; la femme riposte mais se
sauve ; voilà une querelle de ménage qui commence de bon matin.

A un détour du chemin j'aperçois un pont
tout garni de boutiques et de cafés. Je le prends
et il me mène dans la rue principale.

C'est une espèce de grand passage couvert.
Les maisons n'ont qu'un rez-de-chaussée, mais
les murs de façade s'élèvent jusqu'à la hauteur
d'un second étage pour supporter un plancher
de roseaux qui garantit du soleil. Des fenêtres
percées dans les murs permettent à la lumière
de se répandre sous cette voûte obscure et con-
tournée. Les boutiques sont surtout occupées
par des marchands de comestibles. Des pâtissiers
confectionnent sur leurs genoux, avec beaucoup
de dextérité, de minces galettes qu'ils font cuire
sur une poêle à côté d'eux et qui seraient fort
appétissantes si les pâtissiers avaient les mains
plus propres. Des marchands de légumes ven-
dent des feuilles de radis et des oignons. Des
confiseurs mettent en montre des bonbons tout

chauds et des morceaux de sucre que les acheteurs soupèsent si souvent qu'ils en deviennent
tout noirs de crasse. Dans l'intérieur sombre
des cafés on aperçoit de longues files d'hommes
accroupis qui fument leurs chibouks et causent
gravement.

La rue se peuple au point que la circulation
devient presque impossible. Indépendamment
des piétons de tout âge et de tout sexe, on est
heurté par de petits ânes gris d'Alexandrie ou
par de grands ânes blancs du Caire, ou encore
par un beau cheval tout caparaçonné et portant
un cavas couvert d'armes, véritable panoplie
vivante. Puis ce sont de longues files de chameaux qui se croisent et s'accrochent au passage.

La terre humide est sans sonorité, on n'entend aucun piétinement, et cette foule a l'air
de marcher dans le vide; aussi, pour éviter d'être
écrasé ou d'écraser les autres, tout le monde
crie, c'est un bruit assourdissant d'interpella-
tions gutturales.

Le soleil est levé, mais l'air est resté froid.
Les habitants transis se drapent dans des haillons de toutes formes et de toutes couleurs. Je
m'explique l'acharnement que met ce bon peuple
de fellahs à voler les morceaux de bois et les

sacs vides ; il a froid, le malheureux ! Le bois chauffe son café et avec trois trous percés dans le fond d'un sac il se confectionne un gilet de flanelle économique.

La rue se bifurque et je vois dans un bas-fond une large citerne où des hommes se salissent dans l'eau boueuse sous prétexte de se laver. Je m'approche et l'on m'arrête par le pan de mon habit ; c'est le réservoir de la mosquée, et les roumis (chrétiens) n'entrent pas là. En effet, tout à côté je vois les portes de la mosquée toutes grandes ouvertes et défendues par une haie de babouches que les croyants ont quittées avant d'entrer. Dans l'intérieur, des hommes se prosternent et chantent.

Pour éviter ces lieux qui me sont interdits, je m'écarte et j'arrive dans un endroit moins fréquenté, devant une porte basse d'où sortent des hommes à la figure hâve, aux yeux hagards, à la démarche incertaine. Je me demande d'abord si c'est une maison de fous ; mais je comprends bien vite que c'est un lieu de débauche. Des jeunes filles non voilées, presque des enfants, accompagnent ceux qui partent en les saluant gracieusement à l'orientale, portant la main sur le cœur, sur la bouche ou au front. Je dois dire que les hommes qui sortent de là sont, pour la plupart, des ouvriers européens. Quant aux Arabes, grâce au hatchich, à l'opium et au mariage à haute dose, ils s'abrutissent à domicile.

Enfin, en suivant le bras du Nil pour me rendre à la gare, qui n'existe pas, mais qui pourrait exister, j'aperçois, dans la campagne, des monticules d'aspect assez imposant. Ce sont les ruines de l'antique Bubaste.

Le pays est du reste fertile en souvenirs. Pendant la nuit j'ai traversé la terre de Gessen, célèbre par le passage des Hébreux, et tout près, on montre l'endroit où Moïse fut exposé sur les eaux.

J'arrive à quatre heures à Alexandrie, que je trouve, à ma grande stupéfaction, transformée en Venise levantine : chaque rue a été changée en un canal plein d'une boue infecte et liquide. Les chevaux en ont jusqu'au poitrail et les voitures nagent comme des gondoles de Saint-Marc.

C'est là l'effet des dernières pluies. On me dira qu'il serait bien facile de paver la ville pour éviter cet inconvénient ; mais il paraît que depuis Alexandre le Grand, son fondateur, on n'en a pas trouvé le temps.

Quand on est en voiture ou à cheval, ça va bien, on est éclaboussé et voilà tout ; mais les gens du peuple, chargés sur la tête de lourds fardeaux, marchent dans la boue jusqu'à la ceinture.

Les gamins s'y vautrent jusqu'au cou et témoignent toute l'allégresse que nous éprouvions, étant enfants, lorsqu'apparaissaient les premières neiges.

Les ordures et les animaux morts flottent là dedans et donnent à la fange une puanteur excessive.

Voilà, certes, de la couleur orientale !

26 novembre.

Je quitte la boueuse Alexandrie, et à Bennah je retrouve M. G....... avec lequel je m'installe au Kaire, à l'*Hôtel Royal*, sur la place de l'Esbekieh, toute plantée de sycomores et d'acacias aux longues gousses.

Un de mes premiers soins c'est de me mettre à la recherche de M. R... V... de Lyon. Au consulat on me renvoie à la Compagnie agricole. Là je trouve un cavas qui me dit, quand je lui demande M. R... :

— Pas connais.

— Il doit être ici pourtant.

— Tu reviens demain et je dirai toi.

— Pourquoi pas tout de suite?

— Tu reviens demain. Moi nouveau. Tu reviens demain.

Impossible d'en tirer autre chose.

Alors je me lance dans le Mousky, la principale rue de la ville, et je reste émerveillé de tout ce qui m'entoure, surtout de l'animation de ce monde de piétons, d'ânes, de chevaux, de coureurs de voitures, de charrettes, d'équipages, d'escortes, de chameaux, etc., etc., qui se croise, se bouscule sans jamais s'écraser.

Attiré par l'étrangeté d'une semblable cité, je vais toujours et j'arrive à un endroit où la rue se rétrécit entre deux mosquées richement sculptées et peintes de bandes horizontales blanches et rouges. Le curieux de l'endroit c'est que la rue est constamment couverte d'un plancher en roseau pour garantir du soleil, et, dans cette impasse le plancher monte à la hauteur des corniches qui dominent les deux mosquées ; il forme ainsi une voûte vertigineuse qui, s'élançant à perte de vue, donne à la rue un caractère excessivement grandiose.

27 novembre.

Je commence à m'étonner de me porter aussi bien que je le fais, car le climat réclame toujours un tribut au nouvel arrivé ; l'étranger a le choix entre la dyssenterie, l'ophthalmie, les furoncles du Nil et la gale bédouine.

De bonne heure je me mets avec M. G....... à la recherche de la citadelle, d'où l'on jouit de la vue de toute la ville. Nous traversons le Mousky, puis une rue pleine de passementiers, puis une autre remplie de cordonniers, puis une troisième garnie de selliers, puis viennent des fabricants d'étriers, puis des forgerons, puis des démolitions, puis des constructions, et remontant à gauche nous arrivons sur la place de la Citadelle, où se trouvent la superbe mosquée de Hassan et la vieille mosquée Mamoudyeh au dôme sarrazin.

De là la vue est superbe. La ville apparaît pleine de minarets qui se dressent de toutes parts. Dans la plaine, au loin, un obélisque magnifique se couronne d'un panache de fumée noire ; c'est la cheminée d'une usine à vapeur. O civilisation !

Il y a sur la place un campement de Bédouins avec leurs chameaux. C'est sans doute quelque caravane qui vient d'un long voyage, car la plupart des Arabes qui sont là, se mettant entièrement nus, raccommodent leurs vêtements endommagés.

Un enterrement vient à passer. Les hommes chantent faux ; les femmes crient ; c'est un véritable charivari ; on se demande, en entendant ces chants discordants, en voyant ces étoffes éclatantes, le mouvement rapide et le débraillé du cortége, si ce n'est pas *Mardi-Gras* qu'on porte en terre.

En revenant nous essayons d'acheter quelques-uns de ces objets qu'on fabrique sous nos yeux ; mais il nous est impossible de nous faire comprendre ; on nous demande de la monnaie que nous n'avons point et nous en offrons dont on ne veut pas. Après un quart-d'heure de dialogue inutile, marchands et acheteurs, Arabes et Français éclatent de rire au nez les uns des autres et se séparent sans avoir rien conclu.

28 novembre.

Aujourd'hui je me suis donné le genre de louer un équipage pour la journée.

On m'amène une fort belle calèche découverte, de fabrique parisienne et très-bien suspendue. Les peintures extérieures en sont d'une telle richesse qu'elles me rappellent le carrosse de Trissotin,

Où tant d'or se relève en bosse.

Deux petits chevaux très-vifs y sont attelés. Le cocher est un barbarin au type énergique et à la figure chocolat ; il est vêtu d'une longue robe d'un blanc éblouissant et a la tête ornée d'une *coufye* rouge dont les bouts flottent. A la portière se tient un saïs qui, lorsque la voiture est en marche, fait l'office de coureur ; précédant les chevaux, la main armée d'un bâton mince et long, il fait écarter les passants, ranger les charrettes, détourner les ânes, reculer les chameaux ; en un mot il déblaye le chemin et c'est toujours à grands cris qu'il annonce son carrosse et le noble personnage qui s'y prélasse ; son type est celui du jeune fellah au teint bistre clair; ses jambes sont nues jusqu'aux genoux, à part un mince anneau d'argent qui entoure sa cheville droite; il porte des culottes légères en coton blanc, un gilet rose serré autour de la taille, un châle marron roulé en guise de ceinture et de grandes manches blanches, amples et flottant au vent; ordinairement il les rattache derrière les épaules pour avoir les bras nus et libres, et quand il court elles forment comme deux ailes qui battent l'air. A sa tête est un tarbouch écarlate orné d'un gros gland en soie bleue.

Je me fais conduire au Musée égyptien, qui est situé hors du Kaire, à Boulak, sur les bords du Nil. Pour y aller on suit une belle route toute plantée de superbes acacias sans épines et dont les longues gousses retombent en cascades vertes sur les feuilles larges, visqueuses et sombres. Le chemin traverse de frais jardins et des bois de hauts palmiers.

Le Musée est fort curieux, très-bien tenu et le catalogue, rédigé par M. Mariette, le conservateur, est admirablement fait.

Dans une vitrine on a réuni une collection de toutes les divinités qui forment le panthéon égyptien. En voyant ce nombre infini de dieux on est pris d'abord de pitié pour ce fétichisme compliqué, ce paganisme formidable qui ne devait amener que superstition sur superstition. Mais si, le catalogue à la main, on examine avec attention le rôle de chacun de ces dieux, l'époque qui le fit naître, les lieux où il était adoré, l'idée d'une religion pure se dégage peu à peu et ces figures que l'on avait prises pour des idoles ne sont guère que des emblèmes; emblèmes dangereux, il est vrai, pour la conservation de l'idée religieuse élevée, car les peuples ont toujours plus de facilité à admettre la puissance d'une amulette ou d'une statue que la force morale de l'allégorie représentée.

Aussi l'on voit la religion égyptienne simple et naturelle au début, admettant un Dieu créateur et tout-puissant, n'ayant pas eu de commencement et ne devant pas avoir de fin; un Dieu qu'on évitait de représenter par une image, pensant avec raison que la main humaine était impuissante à rendre les traits de cet *esprit qui navigue sur le liquide primordial, de celui qui sait tout ce qu'il y a, créateur des êtres, premier existant; qui fait exister tout ce qui existe, père des pères, mère des mères.* Ainsi parlent les hiéroglyphes.

Puis les symboles se font jour et les dogmes naissent aussi poétiques et aussi relevés que ceux de la religion catholique ; je puis le dire puisque pour la plupart ils sont identiques.

A Memphis on personnifie la sagesse de Dieu sous la figure de Phtah, et, de même que dans les traditions hébraïques on voit la sagesse du Seigneur présider à la préparation des cieux : « Lorsqu'il environnait les abîmes de leurs bornes..... (dit la Bible) j'étais avec lui et je réglais toutes choses (Prov. VIII), » de même on voit Phtah *accomplir toutes choses avec art et vérité, créer l'œuf du soleil et de la lune et suspendre la voûte du ciel.*

Puis Phtah sous forme d'embryon représente le cahos, et grâce à la déesse Pascht, à la fois sa mère et son amante, il grandit et devient un monde. Mais, par suite Pascht ne tarde pas à désigner elle-même la force qui dissout et qui féconde et on la représente avec une tête de chatte ou de lionne surmontée d'un soleil.

Pendant que l'imagination des prêtres se donne carrière pour exprimer allégoriquement la création du monde, ils n'oublient pas le but moral de toute religion, but qui excuse en quelque sorte les pratiques souvent bizarres et ridicules de certains cultes. Car non seulement l'homme doit avoir un sentiment de reconnaissance et d'adoration pour son créateur, mais il faut qu'il vive suivant les vues de ce même créateur ; qu'il n'abuse ni de lui ni des autres, qu'ils soit constamment utile à tous, qu'il fasse en un mot prospérer cette création dont il a pour ainsi dire la responsabilité. Chez les peuples neufs, les lois souvent naïves et l'éducation qui est nulle sont vite impuissantes à former des hommes parfaits ; alors on remplace le raisonnement par la peur et l'on imagine un enfer où chacun doit être puni ou récompensé après sa mort, selon la manière dont il aura vécu.

L'enfer égyptien est un des moins effrayants qu'on ait inventés : l'immortalité de l'âme est la récompense du juste et avec l'âme survit le corps ; tôt ou tard l'homme vertueux doit ressusciter tout entier, tandis que l'âme du méchant, non admise à la lumière éternelle, ne viendra jamais ranimer le corps impur qui l'a renfermée. Ainsi, on le voit, la punition, c'est la privation de l'immortalité.

Mais, qui sera le grand juge des âmes ? Est-ce le Dieu créateur, le principe caché qu'on n'ose représenter, qu'on ose à peine nommer ? Non.

C'est Osiris, le principe bon par excellence ; on compte sur sa justice parce qu'on le sait bienveillant. Osiris a-t-il existé, est-ce un homme fait Dieu, a-t-il été lui-même l'inventeur de son enfer? Les Grecs nous l'ont dit, mais les monuments de l'Egypte ne nous le montrent que dans sa gloire divine. Ils admettent pourtant qu'il soit descendu sur la terre. Être bon par excellence, il aurait adouci les mœurs des hommes par la persuasion et la bienfaisance ; mais vaincu par les embûches de son frère Typhon, le génie du mal, et pendant que ses deux sœurs Isis et Hephtys recueillaient son corps abandonné sur le Nil comme celui de Moïse, il ressuscitait d'entre les morts, apparaissait à son fils Horus qu'il instituait son vengeur. C'est ce sacrifice qu'il avait autrefois accompli en faveur des hommes qu'Osiris renouvelle pour chaque âme dégagée de ses liens terrestres. Nous le verrons plus tard sous la forme d'Apis descendre sur terre et s'incarner autant de fois qu'il plaira aux prêtres. Osiris, roi des enfers, n'est donc pas le vengeur des fautes. Au contraire, chargé de sauver les âmes de la mort définitive, il est l'intermédiaire entre l'homme et Dieu, il est le type et le sauveur de l'homme.

Mais on comprend que le peuple égyptien, frappé de l'idée d'être jugé par Osiris, dont on lui montrait les traits et qu'il croyait armé du crochet qui attire et du fouet qui punit, ait fait de la vie future son unique pensée religieuse, et que le Dieu créateur et fécondant, dont il ne pouvait avoir une représentation palpable, se soit peu à peu effacé de son esprit.

Alors chaque ville a eu son dieu spécial formé d'une trinité. Les prêtres essayaient de représenter par une allégorie ce grand principe caché qu'ils n'osaient aborder de face. Et c'est ainsi que dans les temples on retrouve un seul Dieu en trois personnes : c'est ordinairement le Père, le Fils et la Vierge mère. A Memphis, on les appelle Phtah, Imouthès et Pascht; presque partout, sur les bords du Nil, on reconnaît Osiris, son fils Horus, sauveur des hommes, et Isis, mère d'Horus, néanmoins vierge immaculée, comme Athor que l'on confond souvent avec elle, comme Neith et d'autres encore. A Thèbes, on se hasarde à représenter le principe caché, l'élément générateur, sous les traits d'Ammon-ra dont les Grecs ont fait Jupiter-Ammon. On lui donne pour coiffure un soleil et deux plumes, symbole de clarté, et, quand on veut plus spé-

cialement le montrer dans son rôle créateur, on
le fait avec une naïveté qui ferait rire si on n'é-
tait impressionné par la profondeur et l'énergie
de l'idée. Pour compléter l'image divine, on lui
donne une épouse vierge et immaculée, comme
toujours, qui jaillit de lui-même, ainsi qu'Eve
sort d'Adam, et qui lui donna un fils, Chons; ce
dernier guérit les malades, pratique l'exorcisme
et ressuscite les morts. Il est à remarquer que,
dans les trinités, Dieu le fils joue toujours un
rôle qui le rapproche de l'humanité. Le père et
le fils n'en sont pas moins le Dieu un, tout en
étant double; le premier est le Dieu éternel; le
second n'est qu'un symbole vivant destiné à affir-
mer et à proclamer l'éternité de l'autre. Cette
renaissance du Dieu est un emblême de la réno-
vation incessante de la nature.

On voit que peu à peu la religion se complique,
mais ce n'est rien à côté de ce qui arrive ensuite;
il se crée une quantité de saints qui deviennent
des dieux; des symboles sous forme d'amulettes
ne tardent pas à être adorés comme des idoles,
puis les dieux s'empruntent les attributs les uns
des autres; il y en a qui finissent par avoir sur
la tête, pour les désigner, un énorme faisceau
formé de tous les objets allégoriques de l'Olympe

complet ; les rois eux-mêmes se font représenter
sous des formes divines, et, pour répondre à ce
besoin de pratiques religieuses qui se manifeste,
on imagine les incarnations qui permettent d'a-
dorer un mythe vivant ; à Héliopolis, Ra, le soleil, s'incarne dans Mnevis ; à Memphis, Osiris
s'incarne dans le bœuf Apis : sa bonté le fait descendre au milieu des hommes, et c'est sous la
forme du plus vulgaire des quadrupèdes qu'il
s'expose aux douleurs de cette vie terrestre. La
mère d'Apis passait toujours pour vierge ; c'était
Phtah, la sagesse divine, qui, sous la forme du
feu céleste, fécondait la vache. Chaque fois
qu'il naissait un veau pourvu de certaines mar-
ques sacrées, on se réjouissait, car c'était Osiris
lui-même qui venait de descendre sur la terre
pour protéger et quelquefois pour sauver les
hommes.

Un mythe intéressant est celui de Toth, l'intelligence divine personnifiée ; le dieu suprême,
quand il parle de lui, l'appelle *âme de mon âme,
intelligence sacrée de mon intelligence*. Ce saint-
esprit égyptien est représenté par un oiseau,
l'ibis sacré ; c'est lui qui donna aux hommes les
livres divins qui furent les évangiles de l'antique
Egypte et qu'Osiris vint proclamer en descendant

sur terre; c'est lui qui fut aussi regardé comme l'auteur de tous les ouvrages religieux vénérés sur les bords du Nil, car il était admis que lorsque les prêtres décidaient quelque dogme en commun, l'esprit saint les inspirait.

Ce sont surtout les divinités funéraires qui ont préoccupé les Egyptiens. Il y a, pour le passage de l'âme dans l'autre vie, une foule de formalités à remplir qui demandaient un grand personnel de dieux. Il serait trop long de les énumérer ici. Constatons seulement la similitude du voyage de l'âme en barque avec la croyance des Grecs à cet égard, ainsi que les rapports qui existent entre le chien du Typhon, gardien de l'enfer, et le cerbère du poète Orphée.

Quant à la ressemblance que les anciens auteurs ont voulu trouver entre les dieux égyptiens et leurs propres divinités, elle est un pur effet d'imagination. C'est à peine si Schou, qui soutient la voûte du ciel, peut être assimilé aux Titans, si Mouth, qui réprésente le soleil au zénith et qui préside aux combats, peut rappeler Mars, et si Seb peut désigner Saturne, il serait bien plutôt l'*Abyssus* de la Bible.

C'est à grand' peine que je me suis arraché à cette intéressante étude. Mais ce n'est pas là sans doute la dernière visite que je ferai au musée de Boulak.

Dans l'après-midi, je vais au vieux Kaire, en face de l'île Roudah, où se trouve le *nilomètre*. De nombreux drogmans pullulent aux portes des hôtels ; je n'en avais pris pourtant aucun, aimant mieux risquer quelque malentendu avec mon cocher que d'avoir à côté de moi un individu agaçant et bavard.

Non sans peine je fais comprendre où je veux aller ; mais dès que nous nous trouvons hors de la portée des drogmans, le cocher me dit en très-bon français qu'il parle un peu l'italien, et que, s'il ne m'a pas fait part de ce petit talent, c'était pour ne pas s'attirer l'animosité des interprètes officiels dont à tout moment il peut avoir besoin.

Nous prenons d'abord une large avenue qui traverse les immenses jardins plantés par Ibrahim Pacha. Ce faubourg a une animation particulière. Des troupeaux d'ânes passent en trottinant chargés de paille hachée, de farine ou de plâtre. De longs convois de chameaux s'avancent majestueusement ; les uns portent des pierres, d'autres des poutres, qui, par leur balancement régulier, semblent menacer d'assommer la pauvre bête qui en est chargée. Des femmes à la

marche rapide portent sur leur tête d'énormes
pyramides de petits pains de farine frite ou de
galettes faites avec de la fiente d'animaux et qui
servent à faire du feu pour la cuisine. Au premier aspect, on a de la peine à distinguer le co-
mestible du combustible ; l'un est aussi peu appé-
tissant que l'autre ; pourtant on remarque que
les pains sont couverts de mouches et que le fumier sec n'en a pas. Des charrettes étroites, longues et basses, sont attelées d'une vache, qui tire
au moyen d'un petit joug placé sur la nuque ; la
vache va au grand trot, et le cocher, debout sur
la voiture, se tient en équilibre comme un con-
ducteur de char antique. A part les arroseurs,
qui, chargés d'une peau de bouc recousue et pleine
d'eau, abattent la poussière de la route en lan-
çant le liquide autour d'eux, je remarque que les
hommes font ordinairement comme le quatrième
officier de Malbroug, ils ne portent rien. On les
voit le long de l'avenue, dormant à l'ombre ou
jouant avec de petits cailloux, ou disant leur chapelet, accroupis sur une natte, ou faisant l'in-
ventaire de leurs poches ou de leur vermine,
car les poches des Arabes sont placées de telle
façon sous la chemise et contre la poitrine que
l'on ne sait jamais, en les voyant entr'ouvrir leur

léger vêtement, s'ils cherchent de la monnaie ou des puces.

Enfin, nous arrivons au bord du fleuve. L'animation est superbe, on charge et l'on décharge les barques ; puis, nous nous enfonçons dans une rue sombre, étroite et peuplée qui longe le Nil ; il y a là des cafés turcs au travers desquels on voit le fleuve par les fenêtres à jour et qui donnent envie d'y passer son existence sur de larges sofas, le chibouk à la bouche, rêvant des paradis futurs à l'ombre d'un large palmier qui se mire dans l'eau.

Quand on a dépassé l'île de Roudah, le Nil apparaît dans toute sa largeur, et, derrière un rideau de dattiers aux noires silhouettes, on voit les fameuses pyramides qui s'estompent dans la brume du soleil couchant.

Mon cocher, qui décidément est un polyglotte distingué, me ramène par un autre chemin en passant auprès de la mosquée d'Amrou. J'en visite l'intérieur sans difficulté, car elle est abandonnée. Qu'on se figure une grande cour entourée de colonnades et ayant au milieu une fontaine d'aspect grandiose pour les ablutions. Un des côtés n'a qu'une rangée de colonnes, les deux autres ont trois rangées et la dernière en a six. C'est, comme à Cordoue, une véritable forêt de marbre , de jaspe et de granit. Ces colonnes sont de toutes provenances et ont sans doute été recueillies dans des temples plus anciens, car on retrouve des chapiteaux babyloniens, grecs, romains, byzantins et turcs. Dans un coin, du côté du sanctuaire, se trouve le tombeau d'Amrou.

Après cette visite à la mosquée, nous passons sous un superbe aqueduc destiné à mener l'eau à la citadelle, qu'on aperçoit sur la montagne avec ses deux minarets minces et aigus, plantés dans son dôme écrasé, comme deux aiguilles à tricoter fichées dans un peloton de laine.

Puis, nous longeons les cimetières arabes, anglais, français, italiens, etc., car il paraît que la mort même ne peut rapprocher les hommes, et nous rentrons dans la ville, que nous traversons par des rues d'un pittoresque achevé. A droite et à gauche, sont des boutiques qui servent d'ateliers ; les ouvriers, véritables quadrumanes, se servent autant de leurs pieds que de leurs mains. Au-dessus de ma tête, les *moucharabys* (appelés ainsi évidemment à cause de leur ressemblance avec des cages à mouches) se superposent en se rapprochant de plus en plus, à mesure que les étages s'élèvent ; la plupart sont de

vraies guipures en bois qui permettent aux re-
cluses orientales de voir dans tous les sens sans
être aperçues.

A chaque instant on passe à côté d'une riche
mosquée ou d'une de ces superbes fontaines arabes, dons de riches particuliers, et surmontées
ordinairement d'une école gratuite de garçons,
les donataires ayant voulu que l'âme trouve à
boire la pensée comme le corps boit l'eau fraîche.

Je me demande comment les chevaux peuvent
aller au grand trot dans ces rues étroites et sombres, au milieu d'une population compacte. Il faut
dire que mon barbarin conduit admirablement,
qu'il sait arrêter ses chevaux subitement et sans
secousse quand il se produit un encombrement,
et qu'il sait les lancer avec vigueur pour profiter
d'une éclaircie de la foule; il est adroit, prudent
et énergique. Et puis le saïs est là, devant nous,
qui fait rage, qui crie et frappe, interpelle et riposte; tout en courant, il trouve le temps d'allumer une cigarette, de faire un bout de conversation avec les uns, de boire une tasse de café
avec les autres, et quand il ne distribue pas des
coups de bâton sur les passants, c'est qu'il a re-
connu des amis auxquels il tend la main après
avoir baisé ses doigts.

Nous traversons ainsi le bazar arabe, le bazar grec, le bazar tunisien, le bazar turc, le bazar juif et d'autres encore. Le long des boutiques,
des dames égyptiennes, voilées d'un masque en
mousseline blanche, la démarche gênée par d'é-
normes pantalons bouffants recouverts d'une
robe de soie éclatante, examinent, marchandent,
froissent, cassent, jettent et reprennent comme
des enfants ; de temps en temps, pour ne pas
étouffer, elles agitent l'énorme draperie de taf-
fetas noir qui les entoure de la tête aux pieds ;
le vent s'engouffre dans l'étoffe, et ces femmes
rappellent ainsi ces ballons de toile gommée
qui vont prendre leur essor.

A force de traverser la ville, je finis par la dé-
passer et je me retrouve dans les faubourgs, tout
remplis de guinguettes arabes où l'on prend du
café.

Enfin, le crépuscule me ramène à l'hôtel, sur la
place de l'Esbekieh, célèbre par ses beaux sycomores et ses assassinats nocturnes.

Au milieu de la nuit, je suis réveillé par un
grand bruit qui se fait autour de ma chambre. J'é-
coute, des voix nombreuses prononcent mon nom.

Qu'est-ce que cela signifie ? Serait-ce une at-
taque ?

Tout d'un coup, ma porte s'ouvre, la lumière entre subitement, je me prépare à la défense et je me trouve en face de M. Bazin, qui arrive d'Alexandrie avec M. Th... Il est minuit; on cause un instant et l'on va se coucher.

29 novembre.

Avant déjeuner, nous allons tous ensemble à la citadelle, que nous visitons intérieurement. Il y a là la mosquée de Mohamed-Ali qui domine toute la ville. On y arrive par l'étroit sentier où furent massacrés les Mamelouks en 1811. Le temple est construit en albâtre veiné connu sous le nom d'onyx d'Afrique. Comme on y célèbre les cérémonies du culte mahométan, il faut, pour y entrer, quitter ses chaussures ou les couvrir de chaussons de pourpre qu'on vous attache aux pieds au moment où vous allez passer la porte. C'est, je crois, tout simplement un prétexte à bakchichs.

Après avoir traversé une fort belle cour pavée de marbres polis, au centre de laquelle est une grande fontaine pour les ablutions, rappelant un peu les pavillons chinois, on entre dans l'intérieur du sanctuaire, qui ne manque pas de grandiose, malgré le mauvais goût de certains ornements. Les lustres et les lampes sont innombrables et, lorsque tout cela est éclairé, l'effet doit en être magique.

Au sortir de la mosquée on nous montre le *saut du Mamelouk*, muraille avancée de laquelle le seul Mamelouk échappé au massacre s'est élancé. Nous voulons nous y rendre pour jouir de la vue du Kaire ; un soldat nous arrête et déclare qu'il est défendu d'y aller ; alors on lui montre une petite pièce de monnaie et il nous laisse passer en riant.

De cet endroit l'aspect de la ville est magnifique. Au premier plan, sur la place Roumeileh, se dresse la superbe mosquée de Hassan, escortée des deux mosquées plus petites de Mamoudyeh et de Mardini au clocher si délicat. Puis, par derrière la ville s'étend. Les toits, les dômes se succèdent comme les vagues d'une mer pétrifiée dans laquelle on aurait fait pousser une forêt de minarets. Quand on réfléchit que plus de quatre cents mosquées ornent le Kaire, on peut comprendre la justesse de la comparaison.

Sous ce climat privilégié il ne pleut presque jamais, mais souvent, pendant l'hiver, le soleil du matin est voilé de brouillards et une muraille de vapeurs grises s'élève du fleuve. Tel était l'état de l'atmosphère au moment où nous contemplions ce spectacle émouvant. Un rideau grisâtre cachait le Nil et l'horizon des Pyramides ; le panorama de la ville semblait interrompu tout à coup et, quoiqu'on la vît toute entière, l'imagination pouvait la supposer plus grande encore : il semblait qu'on n'apercevait qu'un fragment d'une cité infinie qui devait couvrir la terre ; grâce à son enceinte de nuages bas et opaques, le Kaire prenait des proportions grandioses qu'il n'aurait pas eues si on avait pu se rendre compte de ses dimensions réelles.

De plus, le soleil blafard qui éclairait le paysage donnait aux ombres des profondeurs indécises, une lumière mate blanchissait les édifices, on les voyait vaguement comme dans un rêve et pourtant avec une grande netteté de détails. Ces formes bizarres, ces teintes fades et ces contours précis tenaient tellement du fantastique que l'on ne croyait plus à la réalité de ce qu'on voyait et l'on s'abandonnait aux sensations indéfinies et délicieuses des preneurs de hatchich ou des fumeurs d'opium.

Quelque douces que fussent ces émotions, il fallut s'en arracher et continuer notre visite. En tournant sur nous-mêmes nous aperçûmes au-dessus de nous le fort Napoléon, et, derrière, les montagnes d'où les pierres des Pyramides furent tirées.

On nous mène alors au Puits de Joseph. Chemin faisant nous rencontrons des hommes à la démarche grave, au pas processionnel, allant deux à deux, la tête haute et le pied assuré. Si leurs haillons ne venaient attester leur misère on les prendrait pour des sénateurs se rendant au conseil. Mais un bruit de ferraille qui part de leurs vêtements attire l'attention ; on voit qu'ils sont tous enchaînés. Ce sont des forçats. Les tristes soldats qui les escortent ont l'air d'être leurs condamnés.

Le Puits de Joseph est un large trou carré, de dix mètres de côté, entièrement creusé dans le roc et qui descend à une grande profondeur. Tout autour on a pratiqué également dans le rocher, une descente en pente douce qui permet, par des ouvertures assez fréquentes, de regarder dans l'intérieur du vaste trou. On descend, on descend toujours, et quand on est au fond on s'aperçoit que ce puits reçoit son eau d'un autre placé au-dessous, et dont les dimensions sont les mêmes. Cette seconde excavation descend jusqu'au niveau du Nil et donne avec celle qui est au-dessus une profondeur de cent mètres.

Un double système de norias formées de cordes grossières et de petits pots à beurre amène l'eau du puits inférieur dans le puits supérieur et de celui-là sur la plate-forme de la citadelle.

On dit que ce puits a pris le nom de *Joseph* parce que c'est là que Joseph fut descendu par ses frères avant d'être vendu ; mais comme cette scène, au dire de la Bible, s'est passée en Mésopotamie, il doit y avoir erreur. De plus avisés assurent que ce fut pendant les sept années de famine que Joseph fit creuser ce puits ; de là son nom. Enfin, les historiens prétendent que c'est le calife Joseph Saladin qui imagina ce beau travail. Ce n'est pas moi qui me hasarderai à trancher cette grave question.

Après les chaleurs de midi, je refis avec ces messieurs à peu près le tour que j'avais fait la veille.

D'abord au musée de Boulak, tout en face, on nous montra le village de Embabeh, où eut lieu la célèbre bataille des Pyramides, dans laquelle l'armée des fellahs et des Mamelouks fut exterminée par les soldats français, qui perdirent à peine une soixantaine d'hommes.

On nous fit voir aussi l'endroit où la fille de Pharaon recueillit Moïse exposé sur le Nil. Si je ne me trompe, c'est déjà le deuxième lieu où la tradition fait passer cette scène intéressante. Je crois que je ferai bien de me méfier de la véracité des souvenirs bibliques.

De là nous allons au vieux Kaire, et, pour revenir, nous tombons dans des masses de *fantasias*. C'est aujourd'hui le jour des mariages, et, à chaque instant nous rencontrons des noces. En tête du cortége, il y a des espèces de danseurs, qui, avec des bâtons, simulent des combats; c'est un souvenir de la pyrique des anciens. Après, viennent des porteurs de tambour, qui, avec une seule baguette, frappent au hasard et sans aucune mesure, et des joueurs de flageolet, qui font des tenues comme des locomotives. Puis les femmes de la noce vêtues de riches étoffes, et enfin la mariée voilée de rouge de la tête aux pieds, étouffant sous son voile qui lui couvre la figure et sous les parures massives dont elle est couverte; on la soutient sous les bras, de grands éventails font de l'air autour d'elle, et un dais, couleur écarlate, la garantit du soleil. C'est ainsi qu'elle fait le tour de la ville aux sons discordants d'une musique de sourd.

Le soir, M. D... nous conduit à une brasserie allemande, où l'on trouve de la bière de Bavière

et un petit orchestre dans lequel deux jeunes
filles jouent de la guitare, et deux autres, avec
un flegme charmant, tiennent la partie de second violon. Cela me paraît tout drôle de voir
des visages de femmes découverts et des peaux
blanches. Et ce n'est pas sans un sensible plaisir
que j'entends de la vraie musique.

                                   30 novembre.

Nous partons tous pour Suez.

Le chemin de fer traverse le désert; il n'y a
donc à voir en route que des dunes de sable fin
et des vols de sauterelles rouges et monstrueuses. Le seul intérêt du voyage est celui-ci: On se
demande : Arriverons-nous, oui ou non ?

On est obligé d'emporter avec soi la provision
d'eau et de charbon nécessaire à la locomotive;
mais, comme le sable du désert abîme beaucoup
les machines, on n'emploie, pour faire ce service,
que de vieilles locomotives qui se détraquent à
tout bout de champ. Aussi on s'arrête souvent,
et quand par hasard on est bien lancé, on trouve
sur la voie unique qui sert de communication,
un autre train en détresse qui barre le chemin.

Pourtant nous n'avons pas à nous plaindre;
après avoir mis six heures à faire un trajet qu'on
pourrait faire en trois heures, nous arrivons sur
les bords de la mer Rouge, que je trouve d'un
bleu superbe.

Nous descendons à l'hôtel de Suez, établi par

la Compagnie anglaise transatlantique et tenu
avec un confortable remarquable. Le service y
est fait par des Indiens au teint de bitume et aux
cheveux d'un noir soyeux ; leurs membres grêles
et leurs tailles efflanquées, leurs vêtements longs
et étriqués font un singulier contraste avec les
amples draperies et la large carrure des fellahs.
Quand on voit ces êtres, à l'aspect triste et sauvage, aller, venir, sans faire aucun bruit, sans
dire une parole, on se croirait dans quelque palais féerique où des gnomes fantastiques et muets
sont chargés de prévenir tous vos désirs.

La cuisine, faite à l'anglaise, n'a aucun goût ;
on passe avec chaque plat une petite pharmacie
garnie de fioles et de pots à onguents destinés à
relever les aliments. Les odeurs étranges qui
s'en échappent ôtent vite l'envie d'en faire usage,
et l'on se résigne à manger des mets insipides.

Les marées sont très-sensibles dans la mer
Rouge ; elles atteignent quelquefois trois mètres
de hauteur, et, comme la plage est peu relevée,
la mer à marée basse se retire de plusieurs kilomètres. On s'est servi de cette particularité pour
expliquer comment les Hébreux fuyant l'Egypte
ont pu profiter de la basse mer pour couper au
plus court, et comment le Pharaon qui les pour-

suivait, voulant suivre leurs traces, a pu être englouti par la marée montante. Napoléon, lui-même, venant visiter les rivages de Suez, faillit subir le même sort, et ne dut son salut qu'à la vitesse de son cheval.

1ᵉʳ décembre.

Ce matin, je vis entrer dans ma chambre un jeune Indien; il exécuta devant moi une pantomime désespérée. Je compris qu'il s'agissait de manger, le geste l'indiquait suffisamment, mais la phrase manquait de clarté. Avait-il faim? Voulait-il me manger? M'invitait-il à aller déjeuner? La cloche qui sonnait dans la cour de l'hôtel me fit prendre parti pour cette dernière traduction. Il n'était que neuf heures, et, grâce au café que j'avais déjà pris, mon appétit n'était pas ouvert; mais l'Indien était si pressant, il paraissait si malheureux de ne pas me voir descendre à la salle à manger, que je compris bien que je devais faire son bonheur en allant déjeuner. Je me sacrifiai, je me mis à table, et des larmes de reconnaissance jaillirent de ses yeux. C'est que, dans ces hôtels anglais, quand on manque l'heure des repas et des lunchs, il est impossible de se faire servir la moindre côtelette, et mon brave serviteur indou, ne me voyant pas assister au premier repas, redoutait de me voir mourir de faim.

Après déjeuner, je fis une promenade dans la ville, qui se compose de deux rues étroites coupées à angles droits. Du moins, ce sont là les rues marchandes où se trouvent les bazars ; elles sont si resserrées, que lorsqu'un passant stationne pour acheter quelque chose, il arrête net la circulation. Suez est pourtant assez étendu ; il y a d'abord les quartiers égyptiens, qui sont d'une malpropreté écœurante ; on voit là des enfants noirs de vermine, les yeux et la bouche pleins de mouches visqueuses qui vienent se poser avec acharnement sur vos propres yeux et votre propre bouche ; ces insectes sont les propagateurs les plus énergiques des ophthalmies qui désolent l'Egypte. Il y a aussi les quartiers européens, où logent les consuls, puis les magnifiques magasins des Messageries et de la Compagnie péninsulaire. Sur un monticule, est un chalet blanc destiné au vice-roi. La vue qu'on a de là est fort belle. La ville, placée entre son port et sa rade, a la forme d'une presqu'île ; à droite, les hautes montagnes de la Takka qui se dessinent avec une grande tournure, en face la mer Rouge qui se perd dans l'horizon, et à gauche les monts Sinaï qui longent le désert et prennent au soleil couchant des teintes ravissantes ; derrière, s'étend le sable à perte de vue. Du reste, dans ce paysage aux riches couleurs on ne voit pas un arbre, pas un brin d'herbe.

Dans l'après-midi, M. Bazin m'a conduit à Chalouf sur le canal. La route se fait dans une dahabieh fort commode tirée au grand trot par un dromadaire qui proteste en son jargon à chaque coup qu'il reçoit. Le hennissement du chameau tient le milieu entre le rugissement du lion, le cri du cochon et le bruit que fait un gros monsieur qui se gargarise.

Nous suivons le canal d'eau douce. Avant d'arriver à Chalouf, les berges s'écartent, l'espace s'élargit; on entre dans l'ancien canal creusé par les Pharaons.

Les travaux de Chalouf sont fort intéressants, mais ils font voir surtout ce qu'il y a encore à faire. On a trouvé là un banc de rocher qui donne de la pierre pour les constructions et qu'on entame en le creusant d'une façon prodigieuse. C'est à coups de mine qu'on travaille, et tant que cette grande tranchée n'aura pas atteint ses dimensions définitives, on ne pourra y introduire l'eau de la mer. C'est pour cela que de Suez à Ismaïlia on navigue sur le canal d'eau douce, tandis que d'Ismaïlia à Port-Saïd on voyage sur l'eau salée ; en effet, partout où l'on a un fond de sable on trace le canal à une petite profondeur, on introduit l'eau, et des dragues puissantes font le reste. Pour le moment, les deux canaux communiquent au moyen de l'écluse, ce qui permet à un même bateau d'aller de Port-Saïd à Suez.

Ce pauvre canal de Suez a des partisans violents et des ennemis acharnés, de sorte que, pour nous autres Français, il est encore à l'état de problème, car adeptes et détracteurs trouvent des sujets de satisfaction, et le malheureux actionnaire se demande avec anxiété ce qui résultera de tout cela. Je crois que la réalisation du projet de M. de Lesseps est très-praticable. Les impossibilités que l'on a prétendu exister sont réduites à néant.

On a dit d'abord que les mers n'étaient pas au même niveau. On a eu raison en ce sens que la mer Rouge a une marée très-sensible, que la mer Méditerranée n'en a presque pas, et que la mer Rouge se trouve par conséquent tantôt au-dessus, tantôt au-dessous de la Méditerranée. Mais si l'on réfléchit que le canal traverse des lacs immenses qui sont assez près de Suez, on comprend qu'ils serviront de compensateurs à la différence des niveaux et que la marée ne se fera

sentir qu'à Suez même, où elle produira les effets
que l'on constate à l'embouchure des fleuves sur
les bords de l'Océan, avec cette différence, que
le canal, à sa communication à la mer, n'ayant
pas, comme une embouchure, la forme d'un en-
tonnoir et ne produisant pas de courant contraire
à celui de la mer, n'aura ni ras de marée ni mas-
caret. Le niveau de l'eau s'élèvera et s'abaissera
de quelques mètres, voilà tout.

On a dit aussi que la jalousie de l'Angleterre
serait un obstacle incessant. Mais si l'on réfléchit
que les Anglais ont fait tout ce qu'ils ont pu pour
entraver l'exécution du canal, que, de plus, le
vice-roi l'a vu pendant longtemps d'un très-
mauvais œil, et que pourtant l'entreprise est
sortie complètement de ses langes diplomatiques,
on doit avoir une grande confiance dans l'avenir.
Depuis la décision arbitrale de l'Empereur, l'affaire marche sans encombre sous la protection
de la France, et cette nouvelle situation a permis de se passer du fameux firman du Sultan
que les consuls étrangers ont empêché de donner et qui est devenu inutile.

On a parlé d'ensablements qui pourraient être
produits de deux façons : par l'éboulement des
berges dans le canal, et par le sable qu'apporte-

rait à la longue le vent du désert. Pour ce qui est de l'éboulement des berges, il ne faut pas croire qu'une montagne de sable n'ait pas une certaine consistance si on lui donne l'inclinaison nécessaire ; je n'en veux pour preuve que les canaux des Pharaons creusés dans le désert, il y a plus de trois mille ans, et qui se sont trouvés assez conservés pour que la Compagnie, voulant les utiliser, n'ait eu qu'à y introduire de l'eau et à s'en servir. Quant au sable du désert amené par le *kamsin*, il lui faudrait des milliers d'années pour produire une épaisseur dangereuse ; et, à ce sujet, il ne faut pas oublier que le canal maritime est flanqué du canal d'eau douce, que ce dernier permettra de cultiver des terres à droite et à gauche et que ces cultures serviront de rempart à tout envahissement du sable. Chacun sait en effet que partout où l'on peut répandre l'eau du Nil, la végétation arrive naturellement et que l'irrigation seule suffit à détruire le désert. Ainsi c'est encore le bon vieux Nil, sans lequel on ne peut rien faire en Egypte, qui viendra au secours de l'entreprise, et le canal d'eau douce, après avoir été en quelque sorte le créateur du canal maritime, en sera plus tard le conservateur et le gardien.

On a encore objecté que la suppression de la *corvée* avait rendu les travaux de l'isthme impossibles, que depuis que l'on n'a plus cette masse d'hommes travaillant par force mais non sans salaire, les chantiers sont pour ainsi dire abandonnés. Il est positif que cette mesure du vice-roi a porté un coup terrible à l'entreprise, car elle est arrivée juste au moment où la corvée n'était plus nécessaire que pendant un an. Mais les hommes manquant, on s'est retourné du côté des machines. Ce nouveau système est sans contredit plus coûteux, mais aussi il est plus énergique et plus rapide. Pour le moment, on est dans une transition pénible: le choléra et l'abolition de la corvée ont fait fuir les ouvriers, et les machines ne sont pas encore terminées; mais cet embarras n'est que passager.

Il y aurait bien des choses à dire sur l'organisation des travaux, sur le système administratif, sur les devis, sur le temps et l'argent qu'ils nécessiteront. Mais ce serait toucher à des questions trop graves, à des intérêts trop considérables, pour qu'un simple touriste ose se le permettre. Il est incontestable que, quoi qu'il arrive, le canal se fera, et que, si les actionnaires ont la patience et le courage nécessaires, ils peuvent mener l'affaire à sa réussite complète.

Et à ce propos, il est encore une crainte que les ennemis de cette œuvre gigantesque ont exprimée. Ils ont supposé le canal terminé et ont dit : Quand la communication sera établie d'une mer à l'autre, on ne s'en servira pas. La mer Rouge est très-capricieuse et presque impraticable : tantôt elle a des calmes plats qui durent plusieurs semaines, tantôt elle est sillonnée de tempêtes terribles, et les navires aimeront beaucoup mieux doubler le cap de Bonne-Espérance que de traverser l'isthme. A tout cela il est facile de répondre qu'un calme plat de plusieurs semaines est préférable à une traversée de plusieurs mois, et que la mer Rouge, malgré ses coups de vent violents, est moins dangereuse que la Manche, la mer Noire et tant d'autres, et tout le monde sait que le Cap est le plus mauvais passage qui existe. Cette objection, une des plus répandues, n'a aucune valeur.

Les ouvriers employés aux travaux sont de toutes les nationalités possibles; il y a même des Chinois et des Indiens. L'harmonie ne règne pas toujours entre toutes ces races et je suis convaincu que si l'on réunissait ces hommes après le travail dans des sociétés musicales, cela produirait un très-bon effet. Il ne faudrait pas songer à les faire chanter ensemble, chacun ayant une langue particulière ; mais les instruments de musique plairaient à tous et les fanfares auraient le plus grand succès. Je sais bien qu'on rira en me voyant proposer ce moyen d'union, mais je suis persuadé de son efficacité. Que dans chaque chantier on établisse un fonds d'instruments de cuivre et qu'on institue des chefs de musique ayant chacun trois chantiers à diriger ; les ouvriers, même ceux qu'on déplace, trouveront toujours des instruments, en supposant qu'ils ne veuillent pas en devenir propriétaires, et tous, exécutants et auditeurs, applaudiront à ce divertissement qui, au milieu du désert, les récréera davantage que la bouteille d'absinthe qu'ils consomment chaque semaine et les batailles qui viennent de temps à autre rompre la monotonie de leur exil volontaire.

2 décembre.

— Puisque vous êtes sur les bords de la mer Rouge, me dit-on, vous devriez aller voir la source que Moïse fit jaillir du rocher en frappant la pierre du bout de sa baguette.

— En effet, voilà qui me tente. Le rocher doit être pittoresque.

— Ce n'est pas un rocher, l'eau se trouve au milieu du sable.

— Ah, vraiment. La source est-elle abondante ?

— Ce n'est pas une source, il y a seulement plusieurs flaques d'eau à fleur de terre.

— Tiens ! La végétation doit être superbe ?

— Oui, il y a quelques palmiers rabougris.

— A la bonne heure. Mais, dites-moi, l'eau sans doute en est délicieuse ?

— Elle est saumâtre et il est impossible de la boire.

— Vous m'étonnez. Est-ce bien loin d'ici ?

— Il faut prendre une barque. On a quatre heures de mer et une heure de marche dans le sable ; pour revenir on a une heure de marche et quatre heures de barque.

— Eh bien, j'aime mieux m'en rapporter à votre description que d'y aller voir et je me représente parfaitement la source abondante que Moïse fit jaillir du rocher pour désaltérer les Hébreux.

Nous partons pour le Kaire en retraversant le désert ; ce qui, à part un magnifique coucher du soleil, a été assez insignifiant.

Nous descendons à l'hôtel Schepert, style anglais. Un peuple de domestiques fourmille dans les corridors ; il y en a d'Anglais, d'Italiens, d'Allemands, de Français, d'Arabes, etc. C'est fort bien imaginé. Seulement il arrive presque toujours que l'on parle anglais à un Français, français à un Arabe, arabe à un Allemand et allemand à un Anglais ; ce qui fait qu'il n'y a pas moyen de se faire comprendre. J'ai cru un instant qu'après m'être trouvé à Suez dans un hôtel où les serviteurs ne parlaient pas, j'étais tombé dans un autre établissement où ils n'entendaient aucune langue.

Ma chambre donne sur un assez joli jardin où se trouve un grand arbre sous lequel a été assassiné le général Kléber.

A peine installé, j'entends tout d'un coup un bruit continu, métallique, formidable. A-t-on mis en branle toutes les cloches de la ville? Est-ce une manifestation de chaudronniers? Peut-être un charivari? Ou un tremblement de terre?..... Non, c'est le dîner qu'on annonce en frappant longuement sur un tamtam indien.

3 décembre.

Nous allons avec M. J... et M. C... visiter les jardins de Choubrah, appartenant au prince Alim. On s'y rend par une large avenue d'arbres séculaires qui forment une voûte impénétrable au soleil. Des deux côtés sont les riches villas des pachas, et par échappées on aperçoit le Kaire à droite et le Nil à gauche.

Les jardins de Choubrah, quoique assez mal tenus, sont ravissants à cause de la beauté de la végétation et de la variété des plantes qui s'y trouvent; cela donne une idée complète de l'aspect que présente à l'Européen les cultures tropicales.

Il y a là des masses de fleurs qui s'enchevêtrent; les flox bleus, les géraniums, les altéas doubles, les chrysantènes lilas se mêlent aux rosiers odorants ; le tout bordé de haies de lantanas aux ombelles oranges. On voit une foule de plantes grimpantes, qui montent d'arbre en arbre jusqu'à la tête des hauts palmiers ; on y trouve le jasmin, le bignonia aux épis rouges, les convolvulus aux grosses cloches bleues et une sorte de liane à fleurs violettes. Des massifs d'orangers, de citronniers, de cédras, d'arbres à mandarines , chargés de leurs fruits succulents, succèdent à des groupes de grandes fougères, de palmiers nains, de tamarins, de cannes et de hauts roseaux aux panaches floconneux. Presque constamment on marche à l'ombre d'arbres gigantesques, tantôt un gros acacia visqueux dont les longues gousses retombent en cascades, tantôt le gommier dentelé ou le mimosa tourmenté, tantôt cet énorme figuier des Indes dont les branches retombent à terre pour repousser à nouveau et créer une suite de colonnades végétales. Çà et là des ifs noirs se dressent comme des points d'admiration et dans le ciel les dattiers et les bananiers dessinent leurs grandes hachures de palmes recourbées. Partout vole le papillon et l'insecte ; sur les larges feuilles des euphorbes , dont chaque branche se termine par une vaste fleur écarlate, on voit, courir de petites araignées argentées qui ressemblent à des gouttelettes de mercure.

Par une belle allée ombreuse qui longe des parcs d'antilopes et de gazelles on arrive à un portique qui donne accès dans une vaste cour entourée de colonnades de marbre blanc et de pavillons de repos d'une richesse éblouissante quoique d'un goût douteux. Le sol de la cour est remplacé par de l'eau qui reflète le monument et lui donne un aspect féerique. Au centre est une île de marbre entourée de balustrades et ornée de grands candélabres en cristal. La pièce d'eau est alimentée par quatre lions sculptés ; accroupis aux angles de ce lieu de plaisance, ils lancent par leurs bouches des cascades d'eau fraîche. Des oiseaux d'eau au plumage éclatant animent le tableau.

En sortant de là nous apercevons dans les arbres un palais qui nous paraît assez beau, et nous faisons mine de nous diriger de son côté. Mais le jardinier qui nous guide nous arrête d'un air terrifié et, agitant ses mains levées à la hauteur de sa tête :

— Le harem, le harem !!... exclame-t-il en sombrant sa voix.

Et comme nous persistons à marcher dans ce sens, il nous fait comprendre qu'il y va de notre vie à tous et que si nous allons plus loin on nous coupera le cou.

Ceci mérite réflexion et nous rebroussons chemin.

Pour nous consoler, le jardinier nous cueille des bouquets de roses et nous offre des mandarines qui pendent aux branches.

Après avoir parcouru Choubrah nous allons à la citadelle, que j'ai déja visitée mais que j'ai grand plaisir à revoir. Le temps est clair et la vue s'étend au loin ; on aperçoit les pyramides de Giseh, celles de Sakkarah, la chaîne Libyque et le Nil à perte de vue.

Nous visitons le palais que le vice-roi possède dans l'enceinte même de la citadelle et où il peut se réfugier en cas de révolution. Les meubles sont fort beaux et les murs sont couverts de peintures de cabaret ; c'est à crever de rire. Et dire que c'est dans ces salles burlesques que l'on reçoit les ambassadeurs des nations.

C'est une chose singulière que le complet manque de goût qu'ont les Turcs. Ils font venir à grands frais d'Europe des meubles splendides, puis ils ne savent ni les assortir, ni les placer, ni les conserver. Ils mettent tout ça au hasard, puis tachent, décousent, trouent, cassent, et ce n'est que quand le meuble est dégoûtant qu'ils l'abandonnent et le jettent. Ils n'auraient jamais l'idée de le réparer et de l'entretenir en bon état.

La même réflexion peut se faire pour leurs

matériels de chemins de fer et d'usines qu'ils sont obligés de renouveler complètement à tout moment parce qu'ils ne savent pas en avoir soin, et il arrive qu'un wagon ou une machine à vapeur qui pourraient être remis à neuf avec quelques réparations fonctionnent sans entretien jusqu'à ce que tout se brise.

En rentrant à l'hôtel par le vieux Kaire nous rencontrons des cortéges de circoncisions. C'est à peu près la même chose que les noces, seulement l'enfant qu'on doit circoncire est monté sur un cheval richement caparaçonné et est lui-même couvert de soie et de pierreries.

4 décembre.

Cette nuit, à cinq heures du matin, le drogman de l'hôtel nous a réveillés pour nous conduire aux Pyramides.

D'abord, mes trois compagnons et moi, nous
allons en voiture jusqu'au vieux Kaire. Sur les
bords du Nil nous trouvons nos baudets qui
nous attendent et avec lesquels nous nous em-
barquons pour traverser le fleuve. Les bourriquets sautent dans la barque très-lestement et
aussitôt on largue la voile. L'embarcation s'a-
vance lentement ; nous sommes vivement impres-
sionnés par le paysage qui s'offre à nos yeux.
Autour de nous coule le Nil, large comme une
mer; la lune est dans son plein et éclaire comme
un soleil les rives du fleuve toutes parsemées de
villages; des bois de noirs palmiers se détachent
en sombre sur l'éclat argentin de l'eau; au-dessous
de nous, l'île Roudah, pleine de palais superposés, dort tranquille dans une lumière douce. Tout
fait silence, excepté le *muesin* de Giseh dont la
voix sonore retentit au loin; il chante avant le

lever de l'aurore, et sa voix avertit les habitants que l'heure des ablutions et de la prière est arrivée. Cette habitude qu'ont les Musulmans de remplacer les cloches par des chanteurs placés au haut des minarets a fait dire qu'ils ont des sonnettes de *viande* pour appeler les fidèles à la prière.

Arrivés à Giseh nous enfourchons nos ânes; les âniers les poursuivent en les frappant à coups redoublés. Ces gamins loueurs de bourriquets sont très-curieux à étudier; ils parlent un peu toutes les langues et imaginent toutes sortes d'histoires pour décider les Européens à prendre leurs montures; on les voit dans les rues interpellant les Anglais en anglais et proposant aux Français le baudet de *M. Seps*, ou de Rigolboche, ou du fameux Lambert qui a été si longtemps perdu et qu'on n'a jamais retrouvé. Au Kaire, leur phrase la plus habituelle est celle-ci :

— Un bon *baudit*, Monsieur, il marche comme le diable!

L'un d'eux me dit hier :

— Bon bourriquet, marche comme *la gare*.

Mon ânier s'appelle Soliman; il est vêtu d'une robe bleu clair qu'il retrousse autour de sa taille pour pouvoir courir; un turban blanc entoure

son front; sa main est couverte de bagues en argent. Comme, à cause de mon voile indien, il me
prend pour un fils d'Albion, il m'apprend en anglais que le bel âne blanc qui me porte a été
monté par le prince de Galles.

Je n'en crois pas un mot.

Je dois pourtant constater que ma monture
marche d'un bon pas et prend toujours la tête
de la colonne.

Après avoir traversé dans l'obscurité les rues
désertes de Giseh, nous nous mettons à suivre
des digues contournées, véritables labyrinthes
en forme de caractères arabes. Comme le Nil est
encore gros, nous ne pouvons prendre la route
directe, et pendant deux heures et demie, nous
devons, au grand trot de nos ânes, aller de
chaussée en chaussée jusqu'au pied des Pyramides.

A mesure que la clarté du jour arrive, un
épais brouillard se lève des terres inondées, et,
ne voyant pas du tout où nous allons, nous sommes obligés de nous en rapporter à nos baudets;
ils ont l'air d'être parfaitement au courant de ce
qu'ils ont à faire.

Pourtant, nous finissons par découvrir derrière nous la pointe des deux grandes Pyrami-

des. Comment se fait-il que nous leur tournions le dos? Les guides nous assurent que nous y arriverons quand même.

En effet, à force de trotter, voire même de galoper lorsque le chemin le permet, nous nous trouvons tout d'un coup en face de la grande pyramide de Chéops qui se dresse à quelques mètres devant nous. Cette apparition colossale et subite a quelque chose de terrifiant.

Des Arabes à la mine sauvage, armés de longs gourdins, commencent à nous entourer. C'est la grande intimidation des *bakchichs* qui s'annonce.

On sait en effet que les Bédouins qui ont l'habitude de vous aider à monter aux Pyramides profitent de la difficulté de l'ascension pour vous faire composer; on est entièrement à leur merci et souvent on se laisse aller à leur donner de l'argent tant qu'ils en demandent.

C'est une grande faute, car, au bout du compte, ces gens ne sont pas méchants et dépendent d'un cheïk entre les mains duquel on doit verser l'argent qu'on désire leur donner.

Je m'abandonne à trois Arabes à moitié nus; l'un me prend la main droite, l'autre la main gauche et le troisième se prépare à me pousser par derrière. La pente est fort raide et les assises ont 1 mètre 50 à 1 mètre 60. Seulement la plupart sont ébréchées et brisées et forment des marches moins élevées. Je comprends tout de suite que la tactique des Arabes consiste à vous fatiguer le plus possible afin de faire valoir le service qu'ils vous rendent ; aussi ils vous mènent rondement et, gardant pour eux les passages faciles, ils vous font enjamber les pierres les plus hautes. Comme rien ne me force de suivre leur système, je choisis moi-même mon chemin, laissant à mes guides le soin de gravir les hautes assises ; aussi est-ce moi qui les aide à monter. Mais ce métier ne tarde pas à me fatiguer; les Arabes me dépassent et je suis obligé de m'abandonner complètement à eux. Pourtant, comme je ne veux pas me tuer, je fais une halte.

Mes gaillards profitent de cela pour me demander un bakchich.

— Mafich bakchich ! (Pas de pourboire).

Telle est ma réponse. Ils paraissent se résigner.

Ces gens sont fort intelligents, ils baragouinent tous un peu d'anglais, de français, d'italien et entendent très-bien la plaisanterie. On m'avait dit que si je me familiarisais avec eux je ne

pourrais plus en être maître; j'ai mieux aimer
tenter l'expérience que de ne leur rien dire du
tout et je les ai fait beaucoup causer. Leur type
est énergique et assez beau, ils ont une grande
douceur dans les yeux et le rire très-franc.

Je reprends mon ascension, mais au bout de
quelques enjambées, les forces me manquent et
je suis obligé de m'arrêter encore.

Aussitôt mes hommes de devenir plus pres-
sants à l'endroit du bakchich. Je leur déclare
net qu'ils n'auront pas un sou tant que nous ne
serons pas en bas. Ils veulent alors me faire
comprendre que ce que je leur donnerai en bas
le cheïk le prendra et le gardera pour lui ; et
moi, pour leur donner à entendre que je n'en
crois rien, je leur fais un pied de nez et une grimace. Ils se mettent à rire et tout est fini sur ce
chapitre.

J'examine un peu mes compagnons de voyage
qui grimpent au-dessous de moi. En tête, M. C...
gravit majestueusement, il a l'air d'avoir très-
chaud ; je vois sa figure écarlate sous sa riche
coufye; beaucoup au-dessous, M. S... se hâte
lentement, suivant l'expression du poète, et,
tout en bas, M. G... R..., renonçant à ce métier

de chèvre, redescend en obliquant du côté de l'entrée souterraine.

Je suis exténué; les Arabes eux-mêmes soufflent fortement. Pourtant je rassemble mes forces et je me remets à monter; mais mes yeux se troublent, les artères de mes tempes battent violemment, mes jambes se crispent et se raidissent: je m'arrête.

Cette fois-là, je suis complètement anéanti. En vain les Arabes me font observer que je n'ai plus que cinq marches à gravir pour être au sommet, en vain je me fais tous les raisonnements possibles pour me décider à terminer mon ascension... il y a pour moi impossibilité matérielle et complet découragement.

On a de ces moments dans la vie où, après avoir fait tous ses efforts pour atteindre un but, on y renonce juste à l'instant où l'on va le toucher. Est-ce que, à mesure qu'on s'approche de la réalisation d'un désir, son prestige diminue au point qu'il devient indifférent de le voir s'accomplir?

Ce qu'il y a de positif, c'est que les cinq assises qu'il me reste à enjamber ne me tentent nullement, malgré l'insistance de mes guides qui me répètent sans cesse le mot de Bonaparte:

— Quarante siècles vous contemplent!

M. C... m'atteint et, se reposant à côté de moi, me donne un peu de courage.

Je me lève comme un homme ivre; je fais un effort de volonté formidable et je parviens à hisser un pied sur la première marche; les Arabes me portant font le reste. Je n'en ai plus que quatre à franchir.

Je sens que je me tue.

Nouvel effort, nouvel exhaussement. Plus que trois marches !

Je ne sais plus si j'existe oui ou non, je suis comme endormi. Cette gymnastique inaccoutumée et fatigante m'a brisé. M. C.... est presque en haut; l'amour-propre m'aiguillonne; je monte encore d'une assise, puis d'une autre et la dernière est enfin escaladée.

Les Arabes poussent des cris de joie.

Je m'étends sur la plate-forme qui sert de sommet au monument et je m'apprête à me récompenser de ma fatigue. Comme les gourmands, je veux déguster le plaisir et ne le laisser venir que peu à peu. Aussi relevant la tête, je regarde lentement le magnifique panorama qui m'attend; je tourne mes yeux dans tous les sens, et, à mon grand désappointement, je n'aperçois que des brouillards!!

Certes, je puis dire que je suis monté tout en haut de la pyramide de Chéops. Eh bien, après? Me voilà bien avancé; on ne voit pas à cent mètres autour de soi.

Je continue à ne pas pouvoir me tenir debout; mes jambes sont complètement annulées. Ce que voyant, un Arabe s'approche et, me massant les cuisses et les mollets, étirant mes nerfs, frappant mes muscles, il rétablit peu à peu la circulation du sang, calme l'irritation des tendons, et me voilà bientôt remis assez pour pouvoir marcher sur la plate-forme.

Un de mes hommes, Achmet, me demande d'écrire mon nom au crayon sur une des pierres. Je le fais, et lui, saisissant un couteau, entame le calcaire et grave en creux les lettres que je viens de tracer. Après avoir fait son travail, il me déclare avec l'emphase habituelle aux Orientaux, que tant qu'il vivra, ce nom restera intact, qu'il s'en institue le gardien et que chaque fois que je remonterai sur la pyramide, je le retrouverai dans toute sa pureté. Est-ce qu'il s'imagine que je vais faire ce métier d'acrobate tous les huit jours?

Un autre, Abdallah, me fait cette phrase embrouillée :

— Le monde tout, Français, Italien, Anglais, *Deutch*, il faut voir un Arabe, monter *cinque* minutes sur la pyramide !

C'est-à-dire que tout le monde doit lui donner vingt francs, moyennant quoi il descendra la pyramide de Chéops, et remontera la pyramide de Chefren qui est aussi haute et presque inaccessible, et que l'ascension ne durera que cinq minutes.

Je lui offre cinq francs, un franc par minute, pour lui voir faire ce tour de force. Et aussitôt voilà Abdallah parti. Il saute lestement d'assise en assise et paraît voler sans toucher la pierre ; en trois minutes il est en bas ; il met une minute pour aller d'une pyramide à l'autre, et rejetant tous ses vêtements, il se met à grimper comme un chat sur le monument de Chefren, qui est encore couvert, surtout dans sa partie haute, de son revêtement poli.

C'est à peine, à la distance où nous sommes, si nous l'apercevons ; on dirait un scarabée, tant il paraît petit.

Au bout de cinq minutes à peine, on le voit se dresser sur le sommet de la pyramide. Nous lui faisons des signes en agitant nos chapeaux, et comme il n'a pour le moment, ni coiffure, ni habits, au moyen desquels il puisse télégraphier, il élève les bras et paraît pousser de grands cris,

A mesure que le soleil s'élève la vue s'étend un peu ; on entrevoit le Kaire, les montagnes de la chaîne Libyque s'accusent davantage ; au.nord les pyramides des Sakkarah se détachent sur l'horizon, et tout autour de nous, le terrain cent fois remué laisse voir des masses de tombeaux entr'ouverts.

Il faut songer à descendre, ce qui s'effectue assez facilement. Les Arabes, vous tenant les mains, vous jettent d'une assise sur l'autre, et s'ils ne vous retenaient pas on serait lancé dans l'espace. C'est le moment délicat pour ceux qui ont le vertige. Je me permets d'apporter un perfectionnement à ce système : je fais descendre les Arabes les premiers, et m'appuyant sur eux, je saute à leur niveau, ce qui leur donne moins de peine et à moi plus de sécurité.

Nous rejoignons nos compagnons à l'entrée de la pyramide, et tous ensemble nous nous introduisons dans l'intérieur du monument.

On y arrive par un couloir d'un mètre carré

à peu près, et tellement incliné et poli, que si de distance en distance on n'avait pas pratiqué des entailles dans la pierre, à peine engagé on filerait jusqu'au fond comme une lettre à la poste.

C'est donc à grand'peine que l'on descend, courbé en deux et glissant à chaque pas. Des Arabes vous retiennent pendant que d'autres portent des bougies allumées.

Ce puits incliné a 25 mètres de long. On peut quand on est au bout en prendre un autre qui a encore 69 mètres et qui mène à un caveau insignifiant placé au niveau du Nil. Nous renonçons au plaisir de cette nouvelle descente, et escaladant un énorme bloc de granit, nous prenons un second couloir de même dimension que le premier, et qui monte autant et aussi longtemps que l'autre descendait. On glisse comme sur la glace et à chaque instant on se cogne la tête contre la paroi supérieure.

Enfin, on arrive à un endroit où le plafond du couloir s'élève tout d'un coup à huit mètres de haut. Comme il y a longtemps que l'on marche par un trou de souris, cette élévation paraît colossale et la voûte qui se trouve sur nos têtes semble être à perte de vue.

On a le choix alors entre deux chemins ; l'un, horizontal et toujours étroit, conduit à une salle voûtée que l'on appelle, je ne sais pourquoi, la chambre de la reine; l'autre s'élevant encore, mène à la grande salle où se trouve le sarcophage de Chéops.

Nous prenons ce dernier conduit ; mais pour le suivre, il faut faire quelques mètres sur une rainure très-étroite, fort en pente, glissante et à fleur de mur ; elle supportait autrefois les dalles destinées à cacher l'entrée du tombeau.

Bref, à force de monter, on se trouve en face d'un mur tout droit dans lequel on a creusé quelques trous pour qu'à l'aide des pieds et des mains on puisse le gravir et arriver à cinq chambres basses et superposées, faites, à ce qu'on suppose, pour diminuer le poids du plafond de la grande salle qui est dessous. Au bas du mur, est un trou dans lequel on s'enfile en rampant et qui mène au vaste espace où se trouve le tombeau du roi.

Là les Arabes nous assourdissent de leurs cris de joie. Nous sommes près de vingt individus dans cet endroit non aéré et il fait une chaleur suffocante.

Le tombeau n'a rien de curieux, c'est une auge en granit. Il est vide.

Nous nous empressons de revenir sur nos pas et nous arrivons au grand jour, ruisselants de sueur.

Je m'aperçois alors, trop tard, hélas! que mon troisième Arabe, le brave Ali, a la gale bédouine. Voilà une heure que je lui donne la main.

C'est le moment de la distribution des bakchichs et j'ai l'imprudence de faire le généreux avec Abdallah qui a gravi en cinq minutes. la seconde pyramide; je lui avais promis cinq francs, je lui en donne dix. Il paraît dans le ravissement, mais les autres qui avaient reçu sans rien dire des étrennes plus modestes se mettent à gémir, à supplier, à demander encore. Je suis obligé de leur dire des gros mots en arabe. Ils se calment, mais ne s'en vont pas et me gardent à vue.

Nous nous mettons à déjeuner; un vieil Arabe nous apporte du café exquis. Pendant ce temps, les autres sont là, groupés sur des blocs de pierre, et chaque fois que je les regarde ils prennent des airs à faire pitié. Ah! décidément, je me repens d'avoir gâté les prix! Tout allait si bien jusque-là.

Le repas fini, nous remontons à âne, toujours escortés par les Bédouins, qui cherchent à m'attendrir. Mais ils en sont pour leurs frais.

Ils nous proposent de nous faire prendre le chemin direct pour aller au Kaire, se chargeant de nous porter nous et nos ânes dans les endroits inondés. La proposition nous tente et nous acceptons.

En longeant les trois grandes pyramides flanquées de plusieurs autres petites, nous arrivons devant le sphinx gigantesque taillé dans le rocher même. Malgré les mutilations du temps et des hommes, il fait encore une grande impression, et sa face haute comme quatre individus superposés a conservé un caractère grandiose.

Après quelques moments de contemplation, nous nous apprêtons à visiter les nombreuses tombes qui nous entourent ; il y en a de creusées dans le roc, d'autres sont enfouies sous le sable, presque toutes ont de larges puits au fond desquels sont placées les momies dans des chambres sépulcrales. Plusieurs de ces tombes sont fouillées activement par les ordres de Mariette-Bey.

Mais notre imbécile de drogman nous déclare qu'on ne voit rien du tout que du sable et des rochers. Assez bêtement nous nous laissons entraîner du côté du Kaire sans visiter aucun tombeau.

Nos ânes, qui connaissent le raccourci, partent au grand galop. Il y a bien de temps en temps un fossé à sauter ; ces braves baudets franchissent cela comme de vrais chevaux de course. Pourtant l'un d'eux, le bourriquet de Son Altesse le prince de Galles, perd l'aplomb et s'abat ; mais au lieu de se coucher et de rester là comme font ses semblables en pareille circonstance , il se relève vivement à l'appel de la bride et repart sans avoir désarçonné son cavalier.

Voilà que nous arrivons à une large mare qu'il faut traverser. Les Arabes ramènent leurs longs vêtements sur les épaules et sur la tête et nous montons à cheval sur leur dos. Il faut toute leur vigueur et toute leur adresse pour ne pas nous laisser tomber dans ce cloaque où ils enfoncent dans la vase jusqu'aux genoux.

Après qu'on nous a fait passer, il faut en faire autant pour nos ânes. Les Bédouins les prennent par les oreilles, la queue, les pattes, et à grands cris, à grands coups, les forcent à traverser l'eau. L'âne de Son Altesse le prince de Galles n'a pas, à ce qu'il paraît, le pied marin , il craint l'élément liquide et proteste énergiquement contre cette fantaisie de lui faire mettre les pieds dans l'eau ; il se campe sur ses pattes et se roule par terre plutôt que de faire un pas en avant. Les Arabes le prennent par les jambes, le chargent sur leurs épaules et lui font passer le gué. Maître baudet paraît fort goûter cette façon d'aller, sa tête se balance à droite et à gauche avec une certaine expression de volupté, et la scène de ces tritons nus, portant cet animal au milieu de l'eau, ne manque pas de pittoresque.

Avant de reprendre nos montures, nous jetons un dernier regard sur les majestueuses Pyramides et sur le sphinx qui, depuis plus de trois mille ans, veille à leurs pieds, couché dans le sable.

Par trois fois, il nous faut avoir recours à nos hommes. Puis nous arrivons à un charmant village situé au milieu des arbres et couvert de palmiers; il est pour le moment sur une presqu'île entourée d'eau et nous sommes obligés d'en faire tout le tour par un sentier étroit et glissant qui borde le canal. A chaque instant, nous rencontrons un obstacle; tantôt des gerbes de maïs, tantôt des moutons ou des enfants, et nos braves baudets enjambent, contournent, évitent avec une adresse et une sûreté de pied qui étonne et donne confiance, malgré le danger.

Après un dernier gué, nous quittons nos Arabes. Ils n'avaient demandé que dix francs pour tout ce labeur, et nous leur en donnons douze, ce qui les met dans l'enchantement ; ils nous disent adieu et daignent même nous donner des poignées de main en nous souhaitant un heureux voyage.

Quelle intelligence il y a chez ces hommes ! On voit qu'au fond leur nature est excellente ; il ne faudrait qu'un peu d'éducation pour en faire un peuple remarquable et digne. S'ils ont un amour immodéré du bakchich et surtout une manière peu engageante de s'en procurer, c'est que c'est leur commerce à eux et qu'on ne leur a pas appris à en avoir d'autre.

Ces Arabes des Pyramides finissent par devenir assez riches, mais ils n'emploient pas leur argent à se procurer de beaux vêtements ou un bien-être plus grand. Il leur faut bien peu de chose pour être heureux et s'ils sont si ardents aux bakchichs, c'est pour pouvoir acheter des esclaves, qui travaillent avec eux, et aussi pour économiser, afin d'entreprendre un jour le voyage de la Mecque recommandé par Mahomet. Ce qui explique pourquoi ce village d'Egypte qui fait fortune, n'est au bout du compte pas plus riche qu'un autre.

Avant d'arriver à Giseh, nous traversons des forêts de palmiers splendides; le blé qui pousse à leur pied forme un gazon doux et vert, et entre leurs troncs rugueux et élancés on aperçoit le Kaire, qui sort des touffes de verdure et se dessine en blanc sur les montagnes jaunes du Mokatan.

Puis nous arrivons au fleuve, animé par mille barques dont les voiles doubles se déploient en sens inverse, comme les ailes de grands papillons blancs; et après l'avoir traversé, nous retrouvons la voiture qui nous ramène à l'hôtel.

5 décembre.

La ville a un air de fête inaccoutumé ; partout on prépare des illuminations pour le soir; on pavoise, et au loin des salves d'artillerie retentissent. Je demande la cause de cette grande liesse et on me répond :

— La fantasia !

Voilà qui est très-bien. Mais en l'honneur de quoi, la fantasia ?

Je continue mes interrogations. Un barbarin qui place des verres de couleur, m'apprend que tous ces préparatifs ont lieu en l'honneur de la naissance d'un fils du vice-roi, ou en l'honneur de son mariage, ou de sa circoncision..... ou de sa mort; il ne peut trop préciser.

Le plus clair de l'affaire, c'est que le peuple se réjouit sans savoir pourquoi et qu'il n'a aucune idée de ce qui le rend si content.

A neuf heures, je quitte le Kaire pour me rendre à Alexandrie, au-devant de Georges D..., qui arrive de France et me donne des nouvelles fraîches.

6 décembre.

Je fais avec Georges des promenades pittoresques à travers les quartiers arabes d'Alexandrie. Après déjeuner, nous allons nous promener le long du canal Mamouhdieh, bordé par les charmantes villas des riches Levantins. Les aspects en sont délicieux et le confortable européen est venu s'ajouter à la beauté de la végétation africaine, pour produire un ensemble saisissant.

Nous revenons en passant contre la colonne dite de Pompée, monument isolé sur un monticule de débris, et après avoir traversé le cimetière arabe, vaste nécropole de tombeaux blanchis, nous rentrons à la nuit.

A Alexandrie il y a deux théâtres d'opéras italiens ; en revanche au Kaire, il n'y en a pas un seul. Je me rends ce soir au théâtre Rossini, ou l'on joue le *ballo in Maschera*, de Verdi. L'orchestre n'est pas très-juste ; les voix sont bonnes, surtout celles des choristes ; la pièce n'est pas assez étudiée. Le public est bruyant comme en Italie ; dans les loges, les toilettes des dames sont éblouissantes.

7 décembre.

Nous partons pour le Kaire. C'est la cinquième fois que je fais ce trajet ; je commence à être blasé sur ses beautés. Georges, qui voit avec ses yeux de peintre, est émerveillé..... quand il ne dort pas.

Entre Benah et le Kaire, le train se ralentit et nous remarquons que l'on ramasse sur les bords de la voie les débris d'un convoi, qui par suite de quelque accident a été broyé. Qu'est-ce qui a causé cette catastrophe ? On ne sait pas et on ne s'en inquiète pas.

— Dieu l'a voulu !

C'est là tout ce qu'on peut obtenir en fait de renseignement.

L'hôtel Royal, où je retourne, est plein comme un œuf. On nous installe dans l'appartement de la propriétaire de l'hôtel, Mme Roland, qui va se nicher je ne sais où. Au-dessus d'une de nos chambres, il y a en guise de plafond une toile tendue et peinte ; des légions de rats y ont élu domicile et, trottinant sur cette sorte de tam-

bour, ils nous font toute la nuit un tapage in-
fernal.

Décidé à faire un voyage dans la haute Egypte,
je vais retenir une place à bord du bateau à vapeur qui doit remonter le Nil prochainement. Le
bey, directeur de l'arsenal, en me remettant
mon billet, m'accable d'une foule de compliments qu'il me fait traduire mot à mot ; c'est un
vrai spécimen de littérature arabe.

— Que votre voyage soit heureux, me dit-il ;
que vous ayez le plus grand plaisir qu'on puisse
désirer ; que le vent vous soit propice, les sources fraîches et le ciel clément, etc., etc., etc. Que
vous emmeniez avec vous une jeune et jolie
femme qui charme les loisirs de la traversée
et vous procure les jouissances des bienheu-
reux.

Là-dessus je lui déclare que j'ai l'habitude de
voyager seul, mais que je ne réponds pas de ce
qui pourra arriver, si dans mon excursion je
rencontre quelque belle Nubienne.

A ces mots, il fait la grimace et me dit en
riant que les Nubiennes sont laides.

Je trouve ce bey assez folâtre.

8 décembre.

Promenades à travers le Kaire. Sur la place Roumeyleh, nous trouvons une masse de bateleurs qui font des tours fort peu intéressants, mais le public est très-curieux à étudier. Georges, qui veut dessiner tout ce qui l'entoure, est ahuri de ce qu'il voit ; il essaie pourtant quelques croquis.

A la tombée de la nuit, nous tentons de nous perdre dans les ruelles bizarres, étroites et contournées qui donnent sur le Mousky ; mais il n'y a pas moyen ; presque toutes aboutissent à des impasses et il nous faut retourner sur nos pas, au milieu des populations qui nous regardent passer avec de grands yeux ; tous paraissent étonnés de voir des Européens dans leurs quartiers à pareille heure.

Dans la journée, les rues étaient remplies de soldats habillés en spahis, fort beaux hommes du reste, et qui avaient dû recevoir quelque paye extraordinaire, peut-être à cause des fêtes d'il y a trois jours.

Ils faisaient pour la plupart emplette de tar-
bouches rouges à la nouvelle mode en forme de
chapeaux chinois. Si tous les soldats égyptiens
emploient leur solde à s'équiper, il me semble
que c'est un assez bon usage pour les finances du
vice-roi.

9 décembre.

Visite au musée de Boulak.

Mariette-Bey, en l'organisant, a eu une très-bonne idée, qui consiste à indiquer pour chaque objet antique sa provenance , les circonstances dans lesquelles il a été trouvé et, quand on le peut, l'époque à laquelle il remonte. De cette manière , chaque fragment a son intérêt et son enseignement. Tant que les musées d'antiquités ne suivront pas cette méthode, ils n'apprendront jamais rien aux visiteurs, tandis que le musée égyptien de Boulak est intéressant et attachant dans toutes ses parties.

On l'a divisé autant que possible en monuments religieux, historiques et civils. J'ai déjà parlé de ce qu'on apprend en considérant avec attention la suite des dieux de l'ancienne Egypte. L'inspection des objets historiques n'est pas moins intéressante.

Avant la découverte admirable de Champollion, qui sut dérober aux sphinx impénétrables des bords du Nil les secrets de leurs hiérogly-

phes muets et symboliques, on ne connaissait
l'histoire des Egyptiens que par ce qu'en avaient
dit les auteurs grecs et latins, et aussi par ce
que la Bible rapporte presque à chaque chapitre
au sujet des Pharaons. On avait, par conséquent,
cherché à mettre les ouvrages profanes d'accord
avec les textes saints, et, traitant de fable tout
ce qui de près ou de loin pouvait contredire la
tradition hébraïque, on avait fait bon marché du
travail de certains historiens, qui avaient pourtant puisé leurs renseignements aux sources les
plus sûres.

Puis sont venus les égyptologues, qui ont
trouvé des pages d'histoire sur chaque mur des
temples, qui ont lu des dates dans chaque tombeau, sur chaque statue, sur les plus minces
fragments, sur les sphinx, sur les obélisques ;
renseignements précieux qui ne se contredisent
jamais, et viennent avec unanimité se donner
raison les uns aux autres.

On a pu voir alors quels avaient été les écrivains digne de foi et ceux que l'ignorance ou
certain parti pris avaient éloignés de la vérité.

Disons-le tout de suite, toute la partie historique de la Bible se trouve parfaitement d'accord
avec les monuments ; on retrouve sur ces der-

niers la preuve de ce que racontent les saints livres sur la venue en Egypte d'Abraham, de Joseph, de Jacob, etc. On peut avec un examen attentif des hiéroglyphes, reconstruire l'histoire de la captivité des Juifs et de leur délivrance par Moïse, élevé par la fille du Pharaon comme un prince du sang. On voit à Karnac le portrait de Roboam fait prisonnier par Shechonk (Sesak de la Bible, Sesonchis de Manéthon). L'étude des mœurs égyptiennes peut même servir à expliquer certains passages hébraïques qui paraissent surprenants et incompréhensibles au point qu'on en a fait des miracles, tandis que de pareilles actions se trouvent à chaque instant relatées d'une manière très-naturelle dans les anecdotes égyptiennes.

Il va sans dire que cette corrélation si remarquable des faits ne peut arriver qu'à une identité approximative en ce qui concerne les dates et qu'il est difficile, sous ce rapport, de faire coïncider les textes égyptiens d'une manière parfaite avec la Bible, qui ne nous donne que des renseignements contradictoires entre eux sur la durée de la période des Juges et par suite sur l'époque qui vit Moïse se mettre à la tête du peuple hébreu.

Mais l'écart est encore plus grand dès qu'on veut déterminer l'apparition de l'homme sur la terre. Avec l'Ecriture sainte, quelque effort que l'on fasse pour allonger les divisions du temps, on ne peut placer Adam que 4,000 ans avant J-C., tandis que l'établissement des premières dynasties égyptiennes remonte à 5,000 au moins avant notre ère. Et il n'y a pas à invoquer contre ce résultat la falsification des textes et les erreurs des copistes ; c'est le granit qui parle ! Chaque pierre est en quelque sorte un témoin de ce qui s'est passé à l'époque où on l'a édifiée, et si le nom des rois, la date de leur règne ne venaient certifier de la justesse des calculs, le style, l'orthographe, la perfection ou l'imperfection des caractères emblématiques pourraient aux yeux des savants exercés apporter de nouvelles preuves.

Chacun sait que Manéthon, prêtre égyptien d'une grande instruction, fut chargé par les Ptolémées de dresser une liste des dynasties du pays. Malheureusement cette liste ne nous est parvenue que par l'intermédiaire d'autres écrivains ; aussi, avant que l'étude des monuments soit venue lui donner la consécration de vérité qu'elle mérite, on la considérait généralement comme exagérée. Mais depuis la découverte de Champollion, non seulement on l'a reconnue exacte en tous ses points, non seulement on a constaté que des dynasties qu'on avait supposé contemporaines ont été réellement subséquentes, mais encore chaque fouille fait surgir le nom d'un roi inconnu que Manéthon ou ses copistes ont dédaigné et qui trouvant sa place entre son prédécesseur et son successeur, recule de toute la longueur de son règne l'époque de la fondation du trône des Pharaons.

Il y a plus, c'est que les historiens grecs, d'accord avec les monuments, nous montrent dès les premières dynasties la civilisation égyptienne à son apogée. Or, il n'est pas probable qu'avec Menès, le premier roi, la science infuse soit arrivée tout d'une pièce aux sages de l'époque; et, sans entrer dans le calcul fabuleux d'Hérodote, qui a pu facilement se tromper puisqu'il supputait les générations d'hommes, ce qui est très-variable, on peut admettre avant Menès un temps assez long qui a permis à l'intelligence humaine de se développer et de trouver les sciences que les prêtres égyptiens possédaient au début de leur histoire. La tradition du pays vient en aide à cette hypothèse; elle nous dit qu'avant les rois, les dieux ont régné sur l'Egypte, et l'on peut comprendre que des hommes intelligents et généreux comme Toth, Osisis, Chons, etc., aient par leur sagesse et les services qu'ils ont rendus, mérité d'être considérés comme des incarnations de la divinité.

Je ne sais pourquoi des esprits timorés ont été effrayés pour les croyances chrétiennes de cette discordance qui existe entre la Bible et l'histoire des Pharaons. Il me semble qu'au lieu de repousser l'évidence et de nier des preuves palpables on ferait mieux d'agir avec les égyptologues comme on a fait avec les astronomes et les géologues : se mettre d'accord en donnant aux textes saints une interprétation plus en rapport avec les sciences modernes.

Du reste, les intérêts de tous, savants et théologiens, sont entre bonnes mains avec Mariette-Bey, qui est, dans ses découvertes, d'une prudence exemplaire que bien des écrivains devraient imiter ; aussi malgré toutes les preuves de certitude dont ses livres fourmillent, il n'ose donner des chiffres exacts qu'au commencement de la XXVIme dynastie (665 ans avant J-C.), et tout en établissant des dates probables, qui pour tout autre savant seraient des preuves irrévocables,

il admet qu'on puisse douter de toutes ses asser-
tions. Cette réserve ne peut qu'être louée, et
c'est en agissant ainsi, que l'on marche d'une
manière certaine à la vérité absolue.

10 décembre.

En me promenant par la ville, je vois un montreur de singes savants. Les bêtes sont fort bien dressées et n'ont pas cet air maladif que prennent ces animaux quand ils viennent en France, où le froid les rend poitrinaires. Le saltimbanque a aussi des serpents ; comme les anciens *psylles* des Pharaons, il les rend à volonté immobiles comme des baguettes ; les singes ont grand' peur de ces reptiles, ce qui leur fait faire des cabrioles fort amusantes. Tout le temps des exercices, l'homme chante une sorte de mélopée dont les paroles changent selon ce qu'il veut faire faire à ces bêtes et dont l'air se réduit à ceci :

A trois heures, je prends congé de Georges et de M... (qui est aussi venu au Kaire pour pren-

dre des vues orientales), et je m'embarque pour
remonter le Nil sur le Ferus, bateau du vice-
roi.

Tous les préparatifs sont faits pour recevoir
une cinquantaine de passagers ; l'équipage est
nombreux, les vivres sont abondants, les domestiques forment un peuple ; il y a un docteur et
un drogman qui doit servir d'interprète dans
toutes les langues, et au bout du compte nous
sommes neuf passagers pour tout cet attirail.
Aussi nous allons mener un train de prince.

Il y a à bord un Grec, une Grecque, un Turc,
un Egyptien, un Prussien, un Bavarois, un
Anglais, une Anglaise et un Français. Tous ces
gens savent quelques mots de français, de sorte
que cette langue sert de monnaie courante pour
l'échange des idées. Je dois constater que je suis
assez content de cela, car j'ai de bonnes raisons
pour parler mieux français qu'arabe, allemand,
anglais ou grec.

Les domestiques aussi parlent français et, à
tout prendre, il n'y a que le drogman qui ne com-
prenne pas cette langue.

Dans le salon se trouve un piano ; comme le
drogman, il a toutes les peines du monde à se
faire entendre ; la moitié des notes ne donne

aucun son et l'autre moitié n'a pas été accordée depuis que l'instrument a quitté la France. Il en est ici des pianos comme des locomotives, toute réparation est considérée comme inutile.

La traversée du Kaire en bateau est fort belle. A mesure que nous remontons le fleuve nous voyons à gauche se dessiner les montagnes de la chaîne arabique toutes perforées par les carrières que les Pharaons y ont creusées pour construire leurs monuments, et à droite se développent les pyramides de Giseh, du Fayoun, d'Aboukir et de Sakkarah.

11 décembre.

Dès que le soleil se couche, notre bateau s'arrête. Nous avons passé la nuit devant Memphis, ou plutôt devant les palmiers qui poussent où fut Memphis.

A l'aurore nous démarrons et nous passons devant les pyramides de Dachour, dont l'une est presque aussi grande que celle de Chéops et dont une autre a des arêtes à peu près verticales à la base et tout d'un coup très-inclinées près du sommet. Plusieurs de ces monuments sont en briques et ont mal résisté au temps; il est probable que les Hébreux ont travaillé à ces dernières, car les historiens racontent qu'on leur faisait faire des briques pour les tombeaux des rois.

Nous passons aussi assez près de la pyramide de Meïdoun, qui a la forme de trois tours carrées superposées qui vont en s'amincissant.

Enfin, à une heure nous arrivons à Beni-Souef, où nous devons prendre du charbon. Nous trouvons là un régiment de tirailleurs égyptiens qui

se rend dans le Soudan pour combattre les indigènes révoltés. Ils ont une assez bonne tenue. Je
ne m'explique pas pourquoi leurs sapeurs ont des
costumes identiques à ceux de nos sapeurs
français ; l'amour de l'imitation européenne
force ces malheureux à marcher sous un soleil
tropical avec d'énormes tabliers de cuir et des
chapeaux à poil qui n'en finissent pas, hauts
comme des minarets et gros comme des dômes
de mosquée.

Beni-Souef est une jolie ville bâtie au milieu
des mimosas et des palmiers ; il y a des rues
couvertes et assez animées ; un charmant quai
en terre ombragé de grands arbres se contourne
capricieusement au bord du fleuve.

Le palais du gouverneur, isolé au milieu des
champs, est construit avec le mauvais goût des
palais turcs.

Nous sommes allé à travers les cultures jusqu'à un jardin dont le vice-roi a fait cadeau à
un de ses Mamelouks ; c'est une ruine de jardin.
On voit qu'il a été fort soigné à une certaine
époque, mais que l'insouciance arabe a chargé
dame nature de présider à son entretien, aussi
il tourne à la forêt vierge et n'en est pas plus
laid pour cela.

Nous y faisons un vrai pillage de roses, de
jasmins, de fleurs de grenades, de bignonias lilas
et de citrons ; puis nous retournons au bateau.

Les militaires ont rentré leurs fusils dans la
caserne et viennent au bord du Nil faire leurs
ablutions compliquées et leurs prières labo-
rieuses. Quel travail que la pratique de cette
religion musulmane ! Trois fois par jour les
croyants doivent se laver les mains, les pieds, la
tête et.... le reste ; cela dure au moins un quart
d'heure ; ils sont obligés de quitter une à une
chaque partie de leur vêtement et de les remettre
à mesure. Il faut dire qu'ils ne sont pas plus
propres pour cela, car ils ne s'essuient jamais et
avant que leur peau soit sèche, elle se couvre de
poussière et de boue. Puis ils font leur prière
avec accompagnement de génuflexions, de pros-
ternements, etc. Tantôt ils sont debout, les
bras pendants, tantôt ils lèvent les mains à la
hauteur des oreilles, tantôt ils se courbent en
deux, ramenant la tête au niveau de leur haut-
de-chausse ; parfois ils se jettent à genoux et
frappent la terre de leur front. C'est une gymnastique que je crois salutaire surtout pour les
Orientaux disposés à l'apathie.

Il va sans dire que pour prier ils quittent

leurs souliers et se tournent du côté de l'Orient. Peu importe du reste l'endroit où ils se trouvent; la foule ne les préoccupe pas et une fois qu'ils ont commencé, le tonnerre tombant devant eux ne les arrêterait point. Ainsi, à bord, le personnel se compose de 38 hommes, pour neuf passagers, et toute la journée il y en a quelques-uns qui prient; on peut passer et repasser devant eux, ils ne vous voient pas.

Nous croisons une masse de barques qui remontent le Nil à la voile ou le descendent à la rame ; le plus souvent elles sont chargées de paille hachée arrangée fort artistement en pyramides tronquées. Sur un de ces tas de paille j'ai vu un batelier qui faisait sa prière tourné du côté du levant, selon l'usage ; mais comme dans cette occupation il était obligé d'abandonner la direction de son bateau, le courant l'a fait virer de bord, et le pauvre homme s'est trouvé face à face avec l'occident. Il n'a pas bronché ; il a continué ses salamalecs en tournant le dos à la Mecque, et ce n'est qu'après le dernier verset qu'il a redressé sa barque.

Nous avons parmi nous une dame grecque qui nous intrigue fort ; elle a des toilettes assez tapageuses et voyage avec un jeune homme laid, malpropre et dont les habits sont tout tachés et fort râpés. Est-ce son mari, son ami ou son domestique ? Cette dernière hypothèse doit être écartée puisqu'elle le fait manger avec elle à table d'hôte et qu'ils ont l'air de ne pas se quitter, voire même de posséder une unique cabine. Eh bien, pourtant, il faut bien admettre ce que nos renseignements nous ont appris : cet homme si sale et si choyé est son valet.

12 décembre.

Après avoir passé la nuit devant un petit village sans importance, nous nous sommes remis à monter le fleuve. La chaîne arabique s'en approche de temps en temps au point d'y baigner ses rochers à pic.

Çà et là on aperçoit au bord du rivage des locomobiles à vapeur ou des filatures de coton aux immenses cheminées. Pour nous qui sommes à l'affût des monuments antiques, cela gâte un peu l'illusion archéologique; on a beau chercher à se persuader que l'on voit des machines à vapeur du temps de Sésostris ou des usines bâties par Ramsès III, le charme est détruit et si les palmiers ne venaient au secours du voyageur, il se croirait à Manchester.

Nous arrivons à trois heures à Minieh, après avoir passé devant le temple de Serazieh, dédié à la déesse Athor et taillé dans le rocher.

Minieh n'est que la répétition en plus grand de ce que nous avons vu à Beni-Souef. On nous fait visiter une sucrerie en construction; dans l'intérêt de la couleur locale et historique, nous aimons à nous figurer qu'elle a été fondée par la XIIme dynastie des Pharaons.

En retournant au bateau nous voyons une soixantaine d'enfants de huit à dix ans qui portent du charbon pour notre machine; les uns vont, les autres viennent et tous rappellent parfaitement ces longues traînées de fourmis qui courent sur le sable. Ils portent le charbon sur la tête dans des *couffes* en feuilles de palmier et marchent très-vite; quatre ou cinq grands gaillards, le bâton à la main, se chargent d'exciter leur courage et frappent sur ces enfants comme sur des bêtes de somme. Ça peut encore passer lorsque leur couffe est vide, les gamins s'en servent comme d'un bouclier et parent les coups de gourdin; mais lorsque la couffe est pleine, l'enfant reçoit sur les reins de rudes horions et se met à courir en sanglotant avec ses quinze kilos de charbon sur la tête.

Il est à remarquer que l'Arabe frappe toujours avant de gronder, de même que les saïs, dans les rues, touchent les passants de leur baguette et les avertissent ensuite.

On peut à ce sujet faire un curieux tableau des

différentes manières qu'ont les peuples d'inter-
peller les gens.

L'Allemand, qui est logique dit :

— Horën Sie einmal. — Ecoutez une fois.

L'Anglais, qui aime sa personnalité, attire ainsi
l'attention :

— I say. — Je dis ! — Ecoutez-moi par conséquent.

Le Français par politesse retourne la question, il s'écrie :

— Dites donc.... — Et c'est lui qui veut parler.

L'Arabe enfin ne dit rien et frappe d'abord,
après quoi la conversation s'engage.

Notre dame grecque et son suivant nous ont
quittés aujourd'hui. Nous ne sommes plus que
sept passagers dont un malade qui va à Assouan
pour se chauffer au soleil des tropiques ; il reste
toujours dans les coulisses et on l'entend nuit et
jour tousser à la cantonnade.

13 décembre.

Nous quittons Minieh bien après le lever du soleil, à cause des brouillards qui empêchent de voir où l'on va.

Après quelques tours de roue, nous nous arrêtons, car les vapeurs s'épaississent de nouveau. Vraiment, on se croirait plutôt sur la Tamise que sur le Nil.

Pourtant la vue se dégage et nous partons. Nous ne tardons pas à arriver à Beni-Hassan, où il y a des temples souterrains à visiter.

L'on nous avait promis que nous trouverions là des ânes pour nous porter jusqu'aux grottes sculptées ; mais nous sommes sept, en comptant le médecin du bord, et nous ne voyons que trois ânes sans selle et sans bride. Alors, sous prétexte de se faire des politesses, c'est à qui ne montera pas à baudet ; si bien que tout le monde va à pied.

Du reste, les grottes ne sont pas loin ; on les aperçoit à mi-coteau dans la montagne. Après avoir fait un bon kilomètre en plein champ, au milieu des bestiaux et des cultivateurs qui piochent la terre, vêtus d'une serviette passée autour des reins, on arrive à une première élévation sablonneuse sur laquelle se trouvent deux énormes villages inhabités qui peu à peu tombent en poussière. Alors on gravit la montagne, qui est couronnée par deux assises calcaires superposées; c'est dans la plus basse que l'on a creusé les temples.

Une particularité géologique, c'est que ces rochers de carbonate de chaux sont parsemés de blocs ératiques durs et polis. Quelle force les a ainsi roulés et apportés là?

Les temples sont nombreux. Tous sont des chapelles funéraires. Dans chacun d'eux, on trouve un ou plusieurs puits, plus ou moins larges, plus ou moins profonds; l'un d'eux a vingt mètres. Au fond est une chambre sépulcrale où l'on a déposé les momies en l'honneur desquelles le temple a été creusé.

Quelques-unes de ces chapelles sont inachevées; la plupart sont magnifiques sous le rapport des dimensions et de l'architecture. Ordinairement, un élégant portique supporté par deux colonnes et taillé dans le roc même les précède. A l'intérieur de nombreuses colonnes soutiennent le plafond, qui n'en a pas besoin, puisque tout est d'une seule pièce. Ces colonnes représentent quelquefois des tiges de lotus liées ensemble, ou bien elles sont à huit ou seize faces, et dans ce cas, si elles étaient un peu plus amincies par le haut, elles rappelleraient tout à fait l'ordre dorique.

Les murs, les plafonds, ainsi que leurs supports sont couverts de peintures et d'hiéroglyphes.

Ces peintures sont fort endommagées, ce qui se comprend quand on réfléchit qu'elles ont cinq mille ans d'existence (Ousertesen 1er, XIIme dynastie), mais on peut pourtant distinguer les sujets qu'elles représentent; du reste chaque chapelle reproduit à peu près les mêmes scènes dans le même ordre, de sorte que ce que l'on n'a pu comprendre dans l'une d'elles, à cause des mutilations, est expliqué par les scènes représentées dans la partie correspondante d'une autre chapelle. Ainsi sur la face qui sert d'entrée, on voit ordinairement des cultures, des récoltes, des bateaux couverts de rameurs, puis sur la façade de gauche un registre de chasse au bœuf sauvage, à l'antilope, à la gazelle; un registre de gens qui font la lessive, étendent et plient le linge; un registre de danseuses, qui tournent, sautent, jouent au *cheval fondu,* enfin un registre consacré aux préparations culinaires. Sur la façade de droite, on a figuré des laboureurs, des étrangers qui arrivent de voyage, des jugements et des supplices ; on peut même constater que le courbache était inventé alors; on y voit aussi représentées, des salles de bains telles qu'elles existent encore dans les bains maures avec leurs douches, leurs fumigations et leurs massages. Quant au fond de la salle, il est entièrement occupé par des scènes de lutteurs qui se prennent deux à deux et forment des centaines de groupes différents ; c'est là qu'ordinairement les peintres se sont appliqués à donner du mouvement à leurs personnages ; les poses les plus compliquées, les plus hardies sont abordées et parfaitement rendues ; si parfois le dessin n'est pas irréprochable, le mouvement est toujours très-bien compris, et beaucoup de peintres de notre époque voudraient avoir trouvé la composition de quelques-uns de ces groupes.

Çà et là on a représenté sur les murs des personnages de grandeur naturelle; on peut à peine les distinguer, car ils ont été l'objet de mutilations plus spéciales.

Au sortir des grottes on a une vue superbe.
On est entouré de montagnes pittoresques entre-
coupées de larges vallées ; devant soi le Nil
déroule ses contours tranquilles, et à nos pieds,
nous voyons fourmiller les mille ruines de la
grande ville qui fut là.

Nous retournons à notre bateau et continuons
à remonter le fleuve qui longe la chaîne arabique.
A chaque instant on aperçoit dans des rochers
des grottes semblables à celles de Beni-Hassan ;
elles sont si nombreuses que nous ne pouvons
nous y arrêter ; il faudrait pour les bien voir la
vie d'un archéologue, à la condition que l'archéologue vive longtemps.

Nous arrivons à la fin du jour aux rochers de
Foda, qui se dressent à pic au-dessus de l'eau,
et sont selon l'usage troués de nombreuses chapelles. On prétend que ces montagnes sont pour
le moment peuplées de voleurs qui viennent à la
nage piller les petites barques, à moins qu'on
ne leur fasse une trop vive résistance ; dans ce
cas ils plongent sous l'eau comme les canards
et vont se réfugier dans leurs repaires de
vautours.

14 décembre.

Encore arrêté par les brouillards à la hauteur du village de Benoub.

Pour nous occuper nous allons visiter le village qui nous apparaît noyé dans la verdure des mimosas à gomme et des palmiers. Les hommes de l'équipage nous accompagnent pour aller chercher quelques menues provisions ; comme ils appartiennent au vice-roi, ils sont vêtus militairement et font une escorte splendide.

C'est justement le jour où l'on vient percevoir l'impôt dans la contrée ; aussi tous les habitants sont sur pied et paraissent fort émus. Nos janissaires improvisés imaginent de dire qu'ils viennent pour recruter des soldats par ordre du pacha. La plaisanterie prend parfaitement et le désordre se jette parmi les indigènes. Les jeunes gens qui travaillent dans les champs se sauvent à toutes jambes ; les femmes inquiètes sortent de leurs maisons, se groupent effrayées en se serrant les unes contre les autres et nous regardent avec de grands yeux hagards ; les hommes se prosternent à notre passage et nous accablent de bénédictions dictées par la peur. Jamais de notre vie nous n'avons reçu tant d'hommages.

Nos matelots, enchantés de leur idée, rient comme des fous, ce qui n'empêche pas les populations d'être consternées.

Enfin, après avoir parcouru suffisamment l'endroit, nous reprenons notre bateau, assez satisfaits du petit effet que nous avons produit.

Le fleuve s'approche de plus en plus de la chaîne Libyque, et après un grand détour qui nous en éloigne, nous finissons par y revenir et aborder à Siout, dont nous voyons depuis longtemps les minarets élancés.

La ville n'est pas tout à fait sur les bords du Nil; nous trouvons des ânes qui nous y mènent au grand galop; sans nous y arrêter, nous poussons jusqu'aux montagnes, où se trouvent des grottes sculptées.

Nous arrivons à une première, qui se compose d'un vestibule et de trois grandes chambres contiguës; les dimensions énormes de ce temple lui donnent un caractère excessivement imposant;

nous retrouvons au plafond les traces d'un joli dessin en forme de *grecque* bleu-clair sur fond noir ; nous admirons aussi un reste de bas-relief d'un fort beau modèle,

Puis en remontant encore nous visitons trois autres temples, toujours de grandes dimensions, et placés les uns à côté des autres. Je ne parle pas d'une quantité d'excavations et de puits funéraires que l'on trouve aussi mais qui n'ont pas d'importance.

Ces grottes, de la même époque que celles de Beni-Hassan, sont pourtant beaucoup plus endommagées ; les colonnes intérieures ont été, pour ainsi dire, dissoutes par le temps ; les péristyles ont servi à plusieurs reprises de carrières de pierres ; les peintures et les sculptures se devinent à peine ; à différentes époques on a creusé des trous et des puits qui ont détruit toute l'ordonnance de ces monuments et il est probable que depuis cinq mille ans ces temples servent de cimetière à toutes les générations. Il y a deux ans, au moment de l'épizootie qui a tué presque tous les bestiaux de l'Egypte, les habitants de Siout sont venus enterrer leurs animaux dans les fosses creusées pour les Pharaons ; aussi le sol est un mélange d'os de momies et de chameaux, de crânes humains et de cornes de vaches.

Le docteur du bord, vrai musulman, a fait quoique Egyptien, ses études en France. Néanmoins il est étonné d'apprendre que ce soit sans le secours de la poudre que ces grottes aient été creusées. Pourtant il n'en est pas très-sûr, car il aperçoit des traces noires produites par les torches que les visiteurs ont allumées. D'ailleurs ces grands trous pratiqués dans la montagne l'intéressent médiocrement. Toutefois, pour se donner une contenance, il entreprend de nous expliquer les dessins et de nous faire distinguer les hommes des animaux. Mais cet amusement lui plaît peu. Il préfère marmoter des prières et dire son chapelet à la gloire de Mahomet.

La vue qu'on a de la montagne est curieuse; elle offre ces oppositions tranchées dont l'Orient est prodigue. A nos pieds est le cimetière, plus considérable que la ville elle-même et entièrement blanchi à la chaux; dômes arrondis, tombeaux rectangulaires, murailles dentelées, tout est blanc comme la neige. Après cette zone éclatante, on voit des jardins de palmiers d'un ton vert jaunâtre. Puis s'étend la ville, couleur de boue du Nil ; les maisons, construites en briques crues, sont éclairées par le soleil qui est derrière nous ; elles n'offrent ainsi ni ombres portées ni silhouettes et forment une teinte plate et grise ; les minarets éblouissants qui en jaillissent et dont on ne voit pas la base semblent tenir en l'air, on dirait des flamèches étincelantes qui tombent sur la ville. Ensuite viennent des champs labourés et humides aux tons noirs. Plus loin, le fleuve argenté. Plus loin encore, des montagnes roses. Enfin, le ciel bleu. Et tout cela d'une harmonie parfaite, mais d'un fantastique complet.

En revenant nous visitons Siout et ses riches bazars. Chaque quartier est séparé par des portes aux seuils gigantesques ; il faut que nos baudets fassent des prodiges d'adresse pour les franchir et nous des prodiges d'équitation pour nous tenir en selle.

Nous rencontrons des masses d'enfants de tout âge qui ne sont vêtus que par les mouches qui les couvrent et pendent en grappes noires à tous leurs orifices.

Nous repartons, et pour passer la nuit nous

nous arrêtons à Niheleh, qui est sans contredit le plus beau village que j'aie vu en Egypte. Les maisons, soigneusement construites, sont surmontées d'étages élévés d'une forme babylonnienne; gracieusement enluminés de blanc et de noir, ils servent à loger des pigeons. Presque chaque maison a un jardin, et partout des palmiers aux courbes élégantes viennent dominer les pigeonniers majestueux. Les rues sont larges et bien percées. Au soleil couchant, elles prennent un air de grandeur singulière; il nous semblait, en nous promenant à travers ce village colossal, aux terrasses superposées, que nous parcourions une de ces antiques capitales comme on les rêve quand on pense à Cléopâtre ou à Sémiramis; chaque maison avait les contours d'un palais, et les habitants, aux amples costumes, sortaient gravement de leurs portes comme des prêtres d'Isis franchissant les *Naos*.

La nuit tombait. Les troupeaux de vaches de Nubie, de chèvres d'Abyssinie, aux longues oreilles, de moutons du Soudan, à la queue monstrueuse, rentraient en se pressant et soulevaient dans les rues des nuages de poussière. On aurait dit des torrents qui passaient! Au couchant, des files de chameaux, revenant du travail, découpaient sur l'écarlate du ciel leurs silhouettes majestueuses.

Les habitants de ce village sont Coptes et se croient chrétiens. Ils sont fort riches, ce qui explique la grande tournure de leurs habitations, mais ils craignent de le laisser voir, à cause des impôts dont on pourrait les surcharger. Ils voient rarement des Européens, car les voyageurs ne s'arrêtent pas là d'ordinaire ; aussi les femmes se sauvaient à notre approche, mais les hommes nous ont fait très-bon accueil en nous disant que, comme chrétiens, nous étions leurs frères. Ils n'ont ni église, ni mosquée. Cette religion incertaine des Coptes est très-répandue dans la Haute-Egypte ; les moines italiens en profitent pour y établir des couvents et ramener dans l'orthodoxie romaine ces hommes qui prétendent pourtant avoir un christianisme plus pur que celui de l'Europe, car ils ont conservé en grande partie la religion telle que les premiers Apôtres l'ont apportée en Afrique. Une chose à remarquer, c'est que tous les Coptes sont lettrés et ont des goûts d'ordre et de bien-être, ce qui les fait différer essentiellement des Arabes. Si on rapproche cette particularité de ce fait que les livres Coptes sont écrits dans la langue des hiéroglyphes, on est tenté de se demander s'ils ne descendent pas des anciens prêtres égyptiens, qui auraient adopté sans peine le christianisme comme résumant la plupart de leurs croyances.

15 décembre.

En passant devant Gaou, gros village situé
sur la rive droite, on nous raconte qu'il y a
huit mois les habitants de plusieurs bourgades
tentèrent de massacrer et de dévaliser des com-
merçants grecs et arméniens qui voyageaient
dans une dahabieh. Grâce à une résistance énergique, les voyageurs eurent la vie sauve. Ils
allèrent se plaindre à leurs consuls d'abord , au
vice-roi ensuite. Ismaïl-Pacha accueillit fort
bien leur réclamation , les combla d'indemnités
formidables, de vraies fortunes, et, marchant à
la tête de ses troupes, alla châtier les brigands
du Nil. Seulement, pour être plus sûr de n'en
pas laisser échapper un seul, il fit établir de
l'artillerie sur la montagne qui domine le pays
et fit bombarder les bourgades. Dix villages furent rasés ainsi et l'on évalue à cinq cents le
nombre des victimes de ce châtiment à la
turque.

Les bords du fleuve présentent presque toujours les mêmes aspects ; quand on se rapproche des chaînes de montagnes, on les voit perforées de grottes tumulaires, et de temps à autre des villages apparaissent, dressant au-dessus des grands arbres leurs pigeonniers monumentaux en forme de pylônes osiriens. Le long du rivage, des femmes aux longs vêtements sombres viennent remplir des cruches élégantes, qu'elles chargent sur la tête avec beaucoup d'adresse et de grâce ; des hommes presque nus remontent l'eau dans les canaux d'arrosage au moyen d'un petit sceau en cuir, suspendu par une tige de bois à une longue bascule en palmier, laquelle est à son autre extrémité munie d'un tampon de terre glaise faisant contrepoids. Des vols nombreux de pélicans, de cigognes, de hérons gris, de flamands roses, d'ibis blancs et des nuages de pigeons passent sur nos têtes, et obscurcissant l'air, viennent rompre la monotonie implacable de ce ciel éblouissant. Nous croisons souvent de larges radeaux formés avec des vases en terre cuite, liés ensemble, le goulot en l'air, ce qui constitue un moyen très-ingénieux et fort économique de transporter ces grandes amphores depuis Queneh jusqu'au Kaire.

Nous arrivons dans l'après-midi à Girgeh, mais nous n'aurons pas le temps d'aller visiter les ruines d'Abydos, qui sont assez éloignées dans les terres.

Girgeh a été récemment coupée en deux par le fleuve ; une partie a été emportée et submergée, l'autre est restée en place, laissant voir au navigateur ses maisons éventrées, ses minarets chancelants, ses mosquées aux ogives coupées, aux colonnades tranchées et interrompues, le tout suspendu sur le haut de la berge, dans un équilibre inquiétant.

Nous trouvons les habitants endimanchés, car c'est vendredi, jour de repos pour les Orientaux. Les turbans sont propres et les longs vêtements paraissent neufs. La race est grande et le type énergique. Tous ces gaillards sont accroupis en longues files le long des murs et fument leurs chibouks.

Dans ces villes, les Européens produisent toujours un certain effet de terreur et de respect ; les indigènes ne savent jamais s'ils ont affaire à un simple particulier ou à un prince du sang, et, pour plus de sûreté, ils se font polis et se lèvent à notre passage en portant la main à leur bouche et à leur front.

On nous fait visiter une église copte, ce qui est une rareté. J'y ai trouvé beaucoup d'images de la Vierge et des saints, surtout des saints anges. Je n'y ai pas vu une seule représentation du Christ. Les Coptes disent la messe, mais ont pris beaucoup de cérémonies et d'usages aux musulmans. On nous montre des Bibles coptes ; on sait que ce langage n'est plus compris que de quelques savants et est identique avec l'ancien égyptien; c'est là la découverte qu'a faite Champollion et qui a donné la clef des hiéroglyphes.

Nous demandons s'il y a quelques jolis jardins à visiter dans les environs. Alors on nous mène d'un air assez solennel au jardin du consul américain, qui est un gros Copte à la figure réjouie, lequel ne sait pas un mot d'anglais ni d'espagnol. Il nous fait entrer dans un vaste enclos où il a planté des arbres fruitiers et des palmiers qui ont bien deux pieds de haut. Comme nous sommes entre les mains du propriétaire, il nous faut parcourir dans tous les sens ce terrain insignifiant ; le digne consul veut même nous faire reposer sur des chaises au gros soleil ; nous nous excusons de notre mieux et nous nous re-

tirons au plus vite, formant le projet de revenir
quand les arbres auront un peu plus d'ombre ,
dans quatre-vingt dix ans par exemple.

J'ai une lettre à mettre à la poste. Notre
drogman s'informe et nous dirige du côté du
bureau. Après avoir parcouru la ville dans toute
sa longueur, nous quittons peu à peu les quartiers populeux , nous traversons les faubourgs ,
nous entrons dans la campagne et nous commençons à croire qu'on nous a mal renseignés.

Le drogman demande de nouveau et on lui indique encore la direction du désert; c'est inquiétant, mais nous allons toujours, le drogman en
tête, nous ensuite, puis de nombreux mendiants
qui nous suivent en demandant des bakchichs,
puis enfin les curieux de l'endroit, qui n'ont
rien à faire parce que c'est vendredi et qui forment cortége derrière nous.

Nous marchons en tournant le dos à la ville
et de temps en temps nous nous arrêtons pour
demander à notre suite si nous sommes bien toujours dans le chemin du bureau de poste ; la
foule alors fait des signes de tête affirmatifs ,
étend les bras du côté de la plaine, et nous nous
remettons en marche.

Enfin on nous montre un petit mur en ruine , d'un mètre d'élévation , qui forme comme un bastion au milieu des champs. Derrière le mur il y a deux hommes accroupis. C'est là le bureau de la poste de Girgeh.

Le drogman donne la lettre à un de ces hommes. L'employé la soupèse dans sa main, déclare qu'elle est très-lourde et demande un nombre indéfini de piastres pour l'affranchir ; mais comme il voit qu'on les lui donne sans hésiter , il la soupèse de nouveau, la trouve plus pesante qu'il n'avait pensé et demande encore de l'argent ; pour nous, nous la croyons suffisamment affranchie ; alors l'employé demande un bakchich, qu'on lui accorde pour tout terminer ; puis, cachant la missive sous ses haillons, il reprend sa pose de chimpanzé en assurant que la lettre partira prochainement.

Je ne suis pas fâché d'avoir vu comment on met sa correspondance à la poste dans la Haute-Egypte. Il paraît que ce spectacle n'a pas intéressé que moi, car une population considérable s'est ramassée autour de nous et je vois bien que cet acte hardi de faire affranchir une lettre a pris aux yeux des habitants les proportions d'un événement.

Après le dîner, je vais encore avec M. S...,
l'officier prussien, faire une excursion dans les
rues au milieu de l'obscurité. De rares lanternes
éclairent quelques magasins et le plus souvent
nous marchons à tâtons, écrasant les pieds des
gens qui dorment le long des murs.

En passant devant une porte ouverte, j'entends parler français, je me souviens alors que
j'ai une lettre de recommandation pour un
M. Frédéric B.... J'entre, mon pli à la main, et
le monsieur auquel je m'adresse est justement
celui que je cherche. Après nous avoir fait prendre le café obligatoire, notre hôte nous offre de
visiter sa maison, construite à l'arabe, c'est-à-
dire très-peu construite ; elle est peuplée d'é-
normes scorpions blancs, dont la piqûre est mortelle, si l'on n'y met tout de suite de l'ammo-
niaque ; aussi il faut toujours avoir soin , quand
on veut s'asseoir, de secouer le siége que l'on
prend et de faire du bruit de temps en temps,
pour faire fuir ces désagréables voisins.

16 décembre.

On nous montre sur les bords du Nil un *saint* qui est à la même place depuis quarante ans ; c'est une sorte de fakir tout nu qui est entouré de la plus grande vénération. Tous les bateliers qui passent s'arrêtent d'ordinaire pour aller lui baiser la main ; quand ils veulent éviter de lui rendre cet hommage et poursuivre leur route sans débarquer, il fait naître sous leurs bateaux des écueils de sable qui les font arrêter malgré eux.

C'est ce qui nous est arrivé ; nous avons voulu aller tout droit sans descendre à terre, et aussitôt le bateau a reçu des secousses terribles qui ont failli le briser ; mais malgré les efforts de notre timonier musulman pour nous faire ensabler, notre machiniste, qui est Grec, a eu le dessus et nous avons continué notre voyage sans encombre, ce qui n'a pas empêché les gens de l'équipage de crier au miracle.

A trois heures nous arrivons en vue de Queneh. Des ânes sans étriers et sans bride nous y portent. Nous visitons des fabriques de poteries; tous les ouvriers sont des enfants, fort adroits du reste. Les rues sont pleines de militaires et de cavas surchargés d'énormes pistolets qui leur sortent du ventre et de grands cimeterres qui leur pendent aux jambes. Nous trouvons beaucoup de femmes non voilées, vêtues de gazes bleues, jaunes, roses et vertes; elles sont couvertes de bijoux faux et presque toutes sont vieilles et laides à faire peur. Ce sont les débris des anciennes courtisanes du Kaire, qui, je ne sais plus à quelle époque, ont été exilées dans la Haute-Egypte; on ne tolère plus dans la capitale que les danseuses mâles ou plutôt les danseurs habillés en femmes; la nouvelle morale turque le veut ainsi.

De retour au bateau, les âniers nous demandent des bakchichs, cela va sans dire; mais comme ils ne sont jamais satisfaits, on finit toujours par leur flanquer des coups, et ils ne vous remercient que quand on leur a distribué autant de calottes que d'étrennes.

17 décembre.

Ce matin nous avons traversé le fleuve de bonne heure, pour aller visiter les ruines de Denderah (ancienne Tentyris), qui se trouvent sur la rive occidentale à une heure du rivage.

On ne tarde pas à voir dans les champs de hauts monticules composés des débris des villes qui se sont superposées là et qui ne sont plus représentées que par des monceaux énormes de briques cassées, de poussière et de fragments de poteries. Les temples splendides qu'on y a trouvés étaient eux-mêmes couverts de plusieurs mètres de ces ruines tassées, et l'on n'a pas encore terminé les travaux de déblai qui mettent à jour les richesses archéologiques de Denderah.

On passe d'abord sous un superbe pylône, sorte d'arc de triomphe, couvert d'hiéroglyphes ; puis, cent pas plus loin, on franchit une autre porte en haut de laquelle nous lisons une inscription grecque en l'honneur de César, qu'on appelle fils des dieux. En suivant l'axe de ce second pylône, on arrive à un fort joli petit temple dédié à Isis et tout couvert intérieurement et extérieurement de sculptures allégoriques.

Tout à côté est le grand temple de la déesse Athor, un des plus beaux qui existent en Egypte. Il se compose de nombreuses chambres spacieuses, communiquant et menant toutes au sanctuaire ou *naos*, qui malgré ses dimensions est pour ainsi dire isolé au milieu du temple. Aux étages supérieurs il y a des chambres moins grandes, dont les plafonds sculptés sont fort curieux; ils représentent des femmes colossales et contournées, dont les jambes, le corps et les bras étendus, allongés, amincis, comme s'ils avaient passé au laminoir, servent de corniches et font presque tout le tour de la salle; au centre du plafond ont voit taillé en haut-relief le corps fort bien fait d'une femme qui paraît nager dans l'air; ces divinités qui planent ainsi sur nos têtes figurent la déesse Neith, l'image du ciel.

Dans cet édifice tout est sculpté, il n'y a pas un escalier, un couloir, un vestibule qui ne soit couvert de scènes intéressantes représentant les dieux et les rois de l'Egypte; ces tableaux sont toujours accompagnés d'inscriptions hiéroglyphiques qui expliquent dans les plus grands détails tout ce que l'artiste a voulu figurer.

La partie la plus belle de ce temple énorme, c'est le *pronaos* ou vestibule principal. Vingt-quatre colonnes monstrueuses de dix-huit mètres de haut, couvertes de bas-reliefs, en supportent l'immense plafond, qui représente tout un zodiaque. Les chapiteaux de ces colonnes sont formés de quatre têtes de femmes accouplées oreille contre oreille ; à une époque postérieure on les a mutilées, martelées et grattées avec un soin étonnant. Tous les plafonds ont été peints, mais il ne reste plus de traces de couleurs que dans quelques parties ; le plus souvent ils sont couverts d'un semis d'étoiles.

A côté de cet imposant édifice, se trouve un autre temple presque enfoui sous les décombres ; les chapiteaux des colonnes qui l'entourent reproduisent l'image de Typhon, le méchant frère d'Osiris. A l'intérieur on trouve indéfiniment représentée la scène d'Athor, la vierge-mère, allaitant Horus, le sauveur des hommes ; les Grecs et quelques savants après eux ont cru y voir Vénus et l'Amour.

Ces monuments n'ont pas été le moins du monde endommagés par le temps, et s'ils n'a-

vaient subi des mutilations partielles inspirées
par le fanatisme des religions nouvelles, ils
seraient encore dans un état parfait de conservation. Il ne faut pas trop s'en étonner, car
malgré le style qui a présidé à leur construction, malgré les dieux auxquels ils sont dédiés,
ils n'ont pas deux mille ans d'existence. Com-
mencés sous Cléopâtre, dont on voit le portrait
sculpté de grandeur colossale sur une des faça-
des extérieures, avec le type et le costume d'Isis,
ils ont été achevés par les empereurs romains ;
les monarques égyptiens que l'on voit figurés
sur les murs coiffés du pchent, les bras raides,
la tête et les jambes de profil, le torse de face,
dans l'attitude hiératique des Menès et des Aménophis, ces monarques, dis-je, représentent Ti-
bère, Caligula, Claude et Néron.

On peut observer à ce propos combien les
Romains, qui ont su coloniser la terre entière,
désiraient respecter les idées et les usages des
peuples qu'ils soumettaient, puisqu'ils prenaient
soin, non seulement de faire construire des temples monumentaux aux dieux de l'Egypte, mais
qu'ils s'y faisaient représenter sous les traits
des anciens Pharaons.

Au milieu des ruines nous avons rencontré

Mariette-Bey, qui y fait faire des fouilles et relever au moyen de papier à empreinte les écritures
nouvellement mises à jour.

Après avoir remonté le fleuve toute l'après-
midi, nous arrivons avant le coucher du soleil
à Luxor, et nous nous empressons d'aller admirer
les ruines grandioses du temple, ainsi que
l'obélisque qui a fait le pendant de celui de Paris.

Malheureusement les décombres et les habitations ont envahi les restes de la ville sacrée. Les
colonnes, qui ont vingt mètres de hauteur, sont enfouies jusqu'au chapiteau et paraissent encore
colossales ; seulement, pour en retrouver l'ordonnance, il faut pénétrer dans les maisons des
habitants.

Nous voyons une cour assez grande toute
remplie de ces chapiteaux ; on nous arrête au
moment où nous y pénétrons : c'est la mosquée !

Nous entrons chez le consul américain, qui
s'est fait un logement dans la grande colonnade,
et voyant un escalier nous nous apprêtons à le
monter pour jouir de la vue du haut du temple ;
on nous arrête encore : c'est le harem !!

C'est inouï la masse de richesses qui dorment

sous ces cahutes, et l'on peut comparer les Arabes, qui collent leurs cabanes de terre glaise contre les fleurs de lotus des corniches, aux hirondelles qu'on voit nicher dans les sculptures des palais.

La nuit nous surprend dans les ruines. Nous revenons à tâtons, nous heurtant à chaque pas contre des dieux de granit ou contre des colosses royaux dont on ne voit que les têtes hautes comme des maisons et dont les corps gigantesques sont cachés dans les profondeurs des sables.

18 décembre.

Nous venons de faire une course fatigante qui nous a pris la journée entière.

Après avoir traversé le Nil ou plutôt le bras du Nil qui sépare Luxor de ce qu'on appelle l'Ile-Basse, nous avons enfourché des baudets et franchi presque à la nage l'autre bras du fleuve.

Mon ânier s'appelle Saïd. C'est un gaillard de quinze ans, à la peau chocolat, à la figure fine, distinguée, et dont les yeux vifs pétillent d'intelligence. Il parle l'anglais comme lord Palmerston et ne sait du français que ces deux mots : « Très-bien! » ce qui le gêne un peu pour exprimer dans cette langue des idées variées. J'en suis quitte pour me servir de la langue d'Albion, que je finis par parler passablement, à ce que m'assure mon *donkeyman*. Ce garçon qui court après les baudets montés par les touristes est le fils d'un paysan des environs, — peut-être un descendant de Ramsès II, auquel il ressemble. — A force de louer son âne aux Anglais, il a ramassé de quoi avoir un beau nègre qui, à

son tour et grâce aux bakchichs, a pu acheter
un bel âne ; si bien que maître et esclave font le
même métier de compagnie.

Nos baudets sont assez vigoureux et nous ne
tardons pas à arriver aux ruines du temple de
Quournah, qui a été construit par Ramsès 1er et
fini par Ramsès II, le grand Sésostris des Grecs
(XIXme dynastie). Disons en passant que les anciens auteurs ont mis sur le compte de Sésostris
la plupart des grandes entreprises des Pharaons de son époque (1,500 ans avant J-C.).

Il y avait des pylônes superbes qu'on ne voit
pas et des allées de sphinx qui n'existent plus.
Un magnifique portique formé de colonnes simu-
lant des faisceaux de lotus, précède le temple,
qui se compose d'une grande salle intérieure à
colonnades, de chambres latérales et d'un sanctuaire.

Les sculptures qui couvrent les murs et les
piliers sont d'une grande élégance et d'un dessin très-pur ; mais ce sont toujours les mêmes
scènes, qui faisaient, à ce qu'il paraît, le bonheur
des peintres officiels des anciennes dynasties :
chaque composition représente inexorablement
un roi ou une reine offrant des présents, tantôt
à un dieu, tantôt à une déesse ; les Egyptiens,

on le voit, savaient que les petits cadeaux entretiennent l'amitié, et la moralité de ces représentations est que le bakchich, étant agréé avec plaisir par Ammon ou Isis, peut être déclaré d'institution divine ; et, de même que l'aumône a été sanctifiée par les religions modernes, de même le bakchich est le fond de tous les sujets religieux des vieux temples.

Quant aux artistes qui imaginaient ces tableaux, ils se seraient cru perdus et peut-être damnés s'ils n'avaient donné à leurs personnages une tournure raide et des mouvements de bras qui pour la grâce rappellent les beaux gestes de Guignol et de Polichinelle.

Ces considérations n'ôtent rien du reste à la grandeur et à la beauté du monument.

Après avoir admiré cet imposant édifice, nous nous dirigeons du côté des grandes montagnes de la chaîne Libyque et nous engageons dans la vallée sauvage où se trouvent les tombeaux des rois.

Peu à peu les rochers s'élèvent et se rapprochent ; ils finissent par former de gigantesques murailles qui protégent contre les profanateurs les restes des monarques de Thèbes. Le lieu ne pouvait être mieux choisi ; grandiose et retiré, il convient parfaitement à la destination qu'on lui a donnée, et l'on ne peut se défendre d'une impression singulière en entrant dans cet immense sanctuaire funèbre, créé par la nature.

On comprend alors et l'on accepte comme réelles toutes les superstitions des anciens au sujet de leurs morts. En passant devant ces ouvertures béantes creusées dans le roc et qui conduisent aux sarcophages royaux, on s'attend à des apparitions étranges. On trouverait tout naturel de voir sortir d'un de ces antres noirs Anubis, à tête de chacal, le gardien des tombeaux, escorté des divinités mortuaires qui doivent veiller à la conservation du cadavre jusqu'à sa résurrection complète.

Que dirions-nous, si tout d'un coup nous rencontrions des génies funéraires à tête d'homme comme Amset, à tête de singe comme Hapi, ou d'épervier comme Tianmoutef? Pourquoi ne verrions-nous pas voltiger autour de nous les scarabées ailés, emblème de l'âme qui se sépare du corps! Peut-être qu'au détour du chemin, Thma, la déesse à la face d'or lumineux, la déesse de justice et de vérité, qui apprécie la vie des défunts..... va nous apparaître! Et ce vautour monstrueux qui plane sur nos têtes est

sans doute la déesse Khou, aux ailes étendues.
Que sais-je ? je sens qu'une mystique terreur
m'envahit et m'oppresse....

Nous pénétrons dans une de ces vastes ouvertures. Un escalier très-raide nous plonge tout
de suite dans les ténèbres. Alors on allume des
bougies et l'on parcourt un large couloir en pente
entièrement orné de bas-reliefs peints, dont les
couleurs se sont admirablement conservées ;
puis on trouve un autre escalier qui descend
entre deux rangées de peintures allégoriques,
entourées d'hiéroglyphes, et conduit à un nouveau corridor de belle dimension. Ce corridor, fort
bien ornementé, aboutit à une salle peinte de
sujets représentant le passage de l'âme du roi
dans l'autre monde ! Quel voyage fatigant on
lui fait faire, à cette âme errante ! Que d'épreuves,
que de jugements elle a à subir ! Ah ! vraiment,
si les rois des nobles dynasties avaient la vie
douce, ils n'avaient qu'à bien se préparer au
travail pénible qui les attendait après leur mort.

Un cartouche incessamment répété sur les
murs nous apprend que nous sommes dans le
tombeau du grand Sésostris.

Lorsque Belzoni découvrit cet hypogée funéraire, il trouva que le souterrain s'arrêtait là.

Pas la moindre fissure dans les parois ; pas la moindre interruption dans les peintures. Un puits, facile à découvrir, creusé dans la salle, semblait devoir recéler le tombeau du roi, mais ne servait qu'à dérouter les fouilles que devaient tôt ou tard entreprendre les profanateurs.

Belzoni ne se laissa pas arrêter par ces apparences et, sondant les murs de la chambre, il trouva sur la paroi du fond un endroit sonore qu'il fit entailler et percer ; il put ainsi découvrir une nouvelle suite de salles et de galeries.

Après avoir franchi la tranchée pratiquée par Belzoni, on se trouve dans une vaste salle ornée de piliers carrés et décorée de peintures en relief, d'une fraîcheur incroyable. On y voit, entre autres sujets, un fort beau groupe : Sésostris est présenté à Osiris et à la déesse Athor par le jeune Horus.

Puis on descend quelques marches taillées dans un coin et l'on entre dans une autre chambre, qui a cela de particulier que les hiéroglyphes et les tableaux qui devaient l'orner sont seulement esquissés au trait d'une manière vigoureuse. Il est probable que le temps ayant manqué, le sculpteur et le peintre ont dû abandonner cet ouvrage incomplet ; on sait en effet que, dès l'avènement d'un monarque au trône , on s'occupait de creuser sa tombe, et que cette dernière demeure était d'autant plus avancée dans la montagne et plus riche d'ornementations que le règne du roi avait été plus long. Il faut croire qu'à la mort de Ramsès II, on fut obligé de terminer rapidement cet ouvrage commencé sur de trop vastes proportions.

Cette chambre inachevée conduit à une autre, parfaitement finie et qui aboutit elle-même à une salle, la plus grande et la plus belle de toutes , dont la colonnade majestueuse donne accès sur une nef transversale immense, et surmontée d'une voûte excessivement hardie d'aspect. Cette voûte, comme celle des cathédrales gothiques , est chargée d'étoiles d'or sur un fond d'azur.

Des salles latérales, fort curieuses par leurs dispositions architecturales et leurs bas-reliefs peints, entourent cet énorme espace pratiqué dans la montagne. On croirait peut-être que là se trouva le corps du roi; il n'en fut rien. A une époque de son règne, on avait préparé en cet endroit un sarcophage en granit , mais Sésostris ayant vécu plus longtemps encore , on put prolonger l'hypogée royal et laisser inoccupé le superbe tombeau de granit.

Le souterrain s'arrêtait là lorsque Belzoni le visita. Il fut obligé d'employer les sondages de nouveau et, tout près du sarcophage, il découvrit un double escalier qui était caché par le sol de la salle.

Cet escalier mène à une galerie inclinée, qui va très-avant dans les flancs du rocher et aboutit malheureusement à des éboulements qui la remplissent et barrent le passage.

Le corps du monarque est-il derrière ces éboulements? Cette galerie a-t-elle été creusée pour dérouter les explorateurs? On ne sait. Nous avons constaté que beaucoup d'endroits dans les chambres et dans les couloirs rendent un son retentissant quand on frappe les murs ou le sol ; on peut donc soupçonner que d'autres excavations réclament la visite des archéologues. Attendons, par conséquent, que de nouvelles découvertes viennent mettre au jour la momie de Ramsès II, et quittons nous-mêmes les ténèbres pour revenir au gros soleil, dans la vallée de Bab-el-Molouk.

Nous avons aussi visité la tombe de *Memnon*, ainsi nommée parce qu'elle a été creusée par Ramsès V (XXme dynastie). C'est une longue enfilade de galeries, de salles à colonnes et d'escaliers; le tout se termine par une vaste nef, couverte d'un plein-cintre élevé. Les murs, les piliers, les plafonds sont, comme dans la tombe de Sésostris, surchargés de bas-reliefs peints, représentant surtout des allégories religieuses et funéraires.

Une autre tombe intéressante est celle de Ramsès III, le fondateur de la XXme dynastie. A droite et à gauche du vaste couloir qui conduit au sarcophage royal, il y a des chambres qui étaient destinées, à ce qu'on pense, à recevoir les restes des principaux officiers de la maison du roi. Chacune de ces chambres est ornée de fresques rappelant les fonctions de l'officier qui devait y reposer après sa mort. On peut remarquer qu'à cette époque il n'y avait ni ministre de l'intérieur, ni ministre de la guerre, ni ministre de l'instruction publique ; mais les rois avaient autour d'eux le grand panetier, le grand cuisinier, le grand jardinier, etc., ou si l'on aime mieux, ils avaient un ministère de la cuisine, un ministère du jardinage, un ministère de l'ameublement, etc. On comprend que les peintures qui ont trait à toutes ces branches de l'art domestique soient fort curieuses, et malgré l'imperfection du dessin et la naïveté de la com-

position, on ne se lasse pas de regarder ces re-
productions, car elles donnent une idée parfaite
des mœurs des anciens Egyptiens.

Une de ces chambres latérales était destinée
sans doute au directeur du conservatoire de
Thèbes, ou plutôt au ministre de la musique,
car sur les murs on a représenté des musiciens
qui jouent de la harpe. Cette scène a frappé tous
les visiteurs de ces merveilles souterraines, et
l'on a appelé cet hypogée : *la tombe des har-
pistes*; on a trouvé, à ce qu'il paraît, les artistes
plus importants que le roi lui-même.

Après cette promenade dans les entrailles de
la terre, nous nous sommes installés à l'abri du
portique qui sert d'entrée à l'un des tombeaux,
et prosaïquement nous avons déjeuné. Pendant
le dessert, j'ai fait chanter les Arabes qui se
trouvaient là. Peu à peu ils se sont animés, et
nous ont exécuté un véritable ballet; tous les
âniers étaient sur un rang, frappant des mains
en mesure, sur le rhythme des chansons mexi-
caines, et chantant des espèces de mélopées ;
leurs corps serrés épaule contre épaule se balançaient de droite à gauche; l'un d'eux se cou-
vrant d'une longue *melayeh*, sorte de grand
châle nubien que tout le monde porte ici , imita

la danse des almées, ce qui par parenthèse rappelle beaucoup les danses espagnoles. Cette
scène bruyante exécutée dans une vallée sauvage, à l'entrée d'un monument trente fois séculaire, m'a laissé un profond souvenir.

A la fin de cette fantasia, je donnai à l'un
d'eux un bakchich afin qu'il le partageât entre
tous. Malheureusement, je n'avais pas réfléchi
que les pièces de monnaie égyptienne ne sont
pas divisibles les unes par les autres et qu'il est
impossible de donner exactement la monnaie
d'une pièce un peu grosse. Aussi ces hommes ne
s'entendirent pas du tout sur la distribution à
faire. La discussion s'engagea terrible; ces figures arabes dont le sourire est si séduisant,
avaient tout d'un coup pris, à la vue de l'argent,
l'animation sauvage et frémissante du tigre qui
voit le sang ; les yeux lançaient des éclairs et
les consonnes gutturales échappaient des bouches comme un feu d'artifice.

Mon ânier, Saïd, dont la physionomie m'avait
plu à cause de sa grâce, rugissait comme une
panthère.

Je fus obligé de mettre le holà, de retirer l'argent donné et de charger le drogman de faire
une distribution aussi équitable que possible.

Nous entreprîmes de gravir les immenses murailles de rochers qui nous entouraient, et je dois ici constater le courage et l'énergie de mistriss B.... qui, avec son mari, fait toutes nos excursions et est presque toujours en tête de la caravane.

Du haut de la montagne, une vue splendide se déroule à nos yeux. Derrière nous, les gorges sauvages, escarpées et brûlantes de Bab-el-Molouk dressent leurs cimes verticales ; et sous nos pieds, à une profondeur vertigineuse, les ruines de Deïr-el-Bâhri, de Quournah, du Ramesseïon, parsèment le paysage ; dans la plaine, les deux colosses de Memnon, célèbres par la musique que fait l'un d'eux au lever du soleil ; à l'horizon , du côté du sud, la silhouette de Médinet-Abou, aux contours majestueux ; et enfin de l'autre côté du Nil, Karnak, Luxor et les montagnes arabiques. Tel est l'aspect que présente maintenant Thèbes aux cent portes, dont les restes couvrent un espace de quarante kilomètres carrés.

Descendant par un sentier de chèvre, nous parcourons les ruines de Deïr-el-Bâhri , temple funéraire élevé, il y a près de quatre mille ans, par la reine Hatarou. Le monument est enfoui sous ses propres décombres ; les chapiteaux sont à fleur de terre ; pourtant nous pouvons en rampant nous introduire dans une vaste salle à colonnes. Tout autour étaient des chambres funèbres ; je ne sais à quelle époque on a pillé ces tombeaux ; les corps des momies sont tous là, gisants pêle-mêle au milieu de leurs linceuls déchirés ; on les a dépouillés de leurs bijoux et abandonné sur le sol. Aussi l'odeur de baume et de cadavre est insupportable ; on enfonce jusqu'à la cheville dans les chairs putréfiées et les bandelettes décomposées : on se butte à des crânes aux yeux railleurs, à des tibias qui font bascule et vous frappent... et ce charnier royal fait mal au cœur. *Sic transit*, etc.

Pendant que nous sommes en tournée sépulcrale, nous visitons encore les catacombes d'Assassif, où le peuple était enterré. On n'y voit rien que les murs bruts des corridors infinis. Une senteur de bitume et de baume vous pénètre ; des nuages de chauve-souris circulent autour de votre tête et le vent que font leurs ailes donne froid. On s'empresse de retourner au grand air.

La journée a été terminée par une visite au Ramesséïon, palais de Ramsès II. Je ne sais pas ce que Memnon a fait aux historiens grecs et latins pour s'attirer leurs faveurs, mais il est positif que ce qu'ils ont appelé le tombeau de Memnon n'a jamais été le sien, que les colosses de Memnon représentent Aménophis III et qu'enfin le palais que nous visitons et que Strabon a appelé *Memnonium*, a été fait par Ramsès II ou Sésostris. Je sais bien que pour tout arranger, il y a des égyptologues qui ont imaginé que les Ramsès s'appelaient aussi Meïamoun, dont on a fait Memnon ; c'est possible, mais du reste, cela m'est complètement indifférent.

Ce qui m'intéresse, c'est de voir la puissance qui a pu élever un palais pareil, dont les ruines grandioses font frissonner par leurs dimensions incroyables.

Des piliers représentant des lotus en boutons entourent une haute colonnade, formée de deux rangs de colonnes dont les chapiteaux reproduisent des fleurs de lotus épanouies ; pour donner plus de légèreté au plafond, formé d'assises lourdes et massives, l'architecte a eu soin de laisser un espace assez grand entre le bord du chapiteau et le couvert qui n'est soutenu que par un support placé au centre de la fleur, et cette disposition fait croire que le vaste plafond, orné d'étoiles sur fond bleu, tient en l'air comme la voûte céleste et que les colonnes ne sont là que comme une plantation de lotus sacrés. Naturellement, tout est sculpté depuis le haut jusqu'au bas, mais les scènes reproduites sont toujours ces compositions officielles dont j'ai parlé.

Entre l'énorme pylône qui sert d'entrée, et le vaste vestibule, entouré de cariatides gigantesques en costume d'Osiris, on voit, renversé sur le sol et brisé, un colosse en granit rose, dont la tête seule a sept mètres de circonférence ; on a calculé que le bloc total de la statue pesait plus d'un million de kilogrammes. Certes, si l'on est confondu à la pensée des moyens mécaniques qu'il a fallu employer pour amener cette statue depuis les carrières de Syène jusque-là , quel sentiment d'étonnement ne doit-on pas éprouver en songeant que Cambyse, dans sa haine pour la dynastie égyptienne, a trouvé les moyens de renverser et de briser un tel colosse.

Il va sans dire que le même Cambyse a soigneusement fait gratter et marteler toutes les têtes des rois qui figurent sur les bas-reliefs du Ramesseïon, et que les premiers chrétiens ont à leur tour consciencieusement effacé les têtes des dieux qui ornent ces mêmes sculptures.

En retournant au fleuve, je m'amuse à taquiner mon ânier sur l'animation qu'il a mise à réclamer sa part de bakchichs après la fantasia. Ces reproches paraissent le toucher, et pour me montrer que malgré cela il est susceptible de générosité, il retrousse sa large manche et, détachant le poignard éthiopien qui est fixé à son bras nu, il me l'offre gracieusement.

Mais arrivé à la barque, je lui donne un bakchich plus que modeste, et je vois mon homme fort décontenancé ; il avait espéré que ses largesses attireraient les miennes et, après les théories contre la rapacité que je lui ai débitées, il est très-embarrassé pour se plaindre du maigre cadeau que je lui fais. Il paraît consterné.

Pourtant, au moment où le bateau quitte le rivage, je l'appelle et lui lance une étrenne raisonnable, qu'il attrape au vol avec une dextérité de jongleur ; sa figure s'illumine instantanément et il se met à danser comme un fou, en me criant sur des airs de son invention toutes sortes de remercîments en anglais. En somme, son opération sur le couteau d'Ethiopie a assez bien réussi.

19 décembre.

Nous traversons le Nil de grand matin et nous trouvons sur l'autre rive nos âniers de la veille. Au moment d'enfourcher son baudet, je dis à Saïd :

— Aujourd'hui, mon garçon, il ne faut pas vous attendre à recevoir le moindre bakchich. Je ne sais quelle folie m'a poussé hier ; en vous quittant, je vous ai abandonné toute ma fortune ; c'est vous qui êtes riche maintenant et c'est moi qui suis pauvre.

— Pas de bakchich ? me répond-il en riant, alors, pas de bourrique ! (*No money, no donkey*).

Et il fait mine d'emmener son âne. Mais aussitôt, craignant que je ne m'adresse à un de ses camarades, il revient tout gracieux et me fait monter, en me déclarant qu'il ne sollicite pour récompense que la faveur d'être mon ânier.

Le gaillard s'est aperçu que j'aimais à plaisanter et il me sert selon mon goût. Il n'en restera pas là du reste ; s'emparant de cette idée

qu'il est devenu *richissime* à mes dépens, il fera
l'important avec les autres Arabes, simulera des
achats d'antiquités, leur donnera des coups de
houssine très-réels, mais que les autres accepte-
ront de bon cœur, parce que c'est *pour rire*, et
quand l'un d'eux voudra s'approcher de moi pour
me vendre quelque débris ancien, il le détournera
en lui faisant observer que je n'ai plus le sou.

Nous nous dirigeons vers les fameux colosses,
connus sous le nom de Memnon et qui représentent Aménophis III (XVIIIme dynastie). L'une
de ces statues, qui avait été brisée, avait la réputation de chanter au lever du soleil. Mais il
ne faut pas s'illusionner sur le charme de sa
musique; elle devait faire *clac!* ou *pan!!* La
mélodie se composait, en effet, d'un craquement
que font entendre presque tous les blocs de granit brisés des ruines de Thèbes lorsque, après le
froid de la nuit, la chaleur vient faire dilater la
pierre sonore. Septime-Sévère fit réparer l'har-
monieuse statue, et depuis ce temps elle ne
chante plus. Mais ses jambes sont couvertes
d'inscriptions grecques ou latines, tracées par
les voyageurs anciens, qui attestent avoir entendu le *Memnon vocal*.

Vus d'un peu loin, ces deux colosses assis et

isolés au milieu de la plaine, rappellent tout-à-
fait, comme le remarqua drôlatiquement M. S...,
deux demoiselles qui, dans un bal seraient res-
tées toutes seules sur leurs chaises. Le fait est
qu'ils ont l'air fort malheureux. Mais à mesure
qu'on s'approche, leurs dimensions deviennent
tellement imposantes, que l'on est presque saisi
à leur aspect.

Saïd nous avait devancés, et grimpé sur les
genoux de la statue musicienne, il paraissait à
peine sur cette montagne sculptée ; sa peau
brune se détachait comme un point noir sur la
blancheur de la pierre. Muni d'un caillou, il
frappait contre le bloc, qui rendait un son cris-
tallin et prolongé tout particulier.

Les colosses ont vingt mètres de haut et ils
n'étaient pas les seuls qui se dressassent dans
cette plaine ; on retrouve les traces de seize autres qui, alignés deux à deux, formaient avec
ceux-là une avenue de géants.

Nous ne tardons pas à arriver aux ruines majestueuses de Médinet-Abou. Nous visitons d'a-
bord le temple élevé par les trois Touthmès,
(XVIIIme dynastie). Tout à côté, sur la gauche,
se trouve le palais de Ramsès III, dont il reste
encore un pavillon de trois étages, d'un style

très-imposant; l'entrée, placée entre deux avant-corps majestueux, fait une impression de grandeur particulière. Il va sans dire que l'architecte n'a pas laissé un pouce de muraille sans la couvrir de sculptures ; seulement les ornements du pavillon royal sortent des sujets consacrés qui décorent les temples, et le caractère intime de la plupart d'entre eux a fait supposer que là était le harem du roi.

Ces merveilles ne sont que le prélude de ce qui attend le voyageur dans la visite au grand temple que le fondateur de la XXme dynastie fit élever à côté de son palais, en l'honneur d'Ammon, le grand dieu de Thèbes.

Qu'on se figure une avenue de sphinx. — La plupart sont allés orner les musées de l'Europe.— Cette avenue aboutit à un vaste pylône formé de deux tours pyramidales, reliées par un portail sculpté. Sur ces tours, on a représenté le roi, de grandeur colossale, frappant de son sabre une myriade d'ennemis tout petits qui, bien entendu, sont battus à plate couture. Ammon préside à ces victoires de son roi bien-aimé.

Passant sous l'énorme portail, on arrive dans une large cour dont un des côtés est supporté par des cariatides osiriennes qui sont d'un très-grand effet ; j'ai remarqué, avec un sentiment qui n'était pas dépourvu d'une certaine humiliation, que je leur vais juste à la cheville. Derrière ces cariatides est un mur immense, qui représente la prise d'une ville par Ramsès III ; le roi, selon l'usage flatteur des artistes de l'époque, a des proportions démesurées ; il lance des flèches qui sont si grosses, que pour pouvoir percer les ennemis liliputiens qu'il a à combattre, on a eu soin de faire les blessés beaucoup plus grands que les autres, à seule fin de pouvoir faire entrer le trait dans le corps du mourant. Au bas des remparts, les soldats du roi montent à l'assaut, tenant leurs boucliers sur la tête.

Tout à côté, on a figuré le retour du roi dans sa capitale ; monté sur un char attelé de superbes chevaux qu'il conduit comme un cocher de grande maison ; il est de plus traîné par une masse de prisonniers, dans les types desquels on reconnaît toutes les races asiatiques ou africaines voisines de l'Egypte. Le bon peuple de Thèbes émerveillé bat des mains, se prosterne, adore.

Il est curieux de voir les moyens ingénieux que les peintres ont employés pour rendre une telle foule sans le secours d'aucun élément de perspective. Ainsi, lorsque des gens marchent sur la tête les uns des autres, cela veut dire qu'ils sont côte à côte ; trois étages de vaincus enchaînés indiquent trois rangs de prisonniers marchant sur la même route ; quant à la foule idolâtre, pour ne pas embrouiller le sujet, on la met à part, en forme de bordure au tableau.

On traverse un second pylône gigantesque et l'on arrive dans un péristyle entouré de plusieurs rangs de colonnes hautes et épaisses dont l'effet est saisissant de beauté et de majesté. Tout autour, sur les murs, sont figurées les campagnes du roi, qui décidément était un foudre de guerre; tantôt il se bat en char, tantôt en bateau, quelquefois à pied. Il est toujours grand comme tous ses ennemis réunis ensemble, ce qui lui permet quelquefois de les rassembler en faisceaux par les cheveux et, d'un seul coup de sabre, de couper dix mille têtes ou douze mille cinq cents mains; les nombres sont écrits à côté en langage hiéroglyphique et l'on peut constater que le sculpteur s'est mis consciencieusement d'accord avec l'écrivain.

Après cette cour, il y a encore de nombreuses salles, dont la plupart sont ruinées ou ensevelies sous les décombres d'une ville copte qui, comme une moisissure, s'était étendue sur tout le monument.

Nous gravissons le second pylône, et nous accrochant comme des chats aux pierres saillantes, nous parvenons jusqu'au sommet, entre la première cour et le péristyle à colonnes, gouffres énormes qui paraissent creusés et sculptés dans un amas de vieilles maisons aux briques grises, dont les murs ébréchés dominent le temple et jaillissent de tous côtés. Le pavillon royal préside à l'ensemble, et dans la plaine, les deux colosses brillent au gros soleil.

Cette course, à travers ces ruines immenses, m'a fait prendre chaud; aussi j'ai quitté mon pardessus, si utile pendant la fraîcheur du matin, et je l'ai donné à garder à mon jeune ânier, qui a saisi avec empressement cette occasion de faire le farceur.

— Ne vous inquiétez plus, m'a-t-il dit en mettant mon habit sur ses épaules, il me va très-bien et je me contenterai d'un tel bakchich, puisque vous n'avez plus d'argent.

Après avoir pris notre repas dans la majestueuse cour hypostyle, nous sommes allés voir sur la montagne libyque un fort joli petit temple du temps des Ptolémées, récemment mis à jour par Mariette-Bey.

Profitant du voisinage des rochers que les

Thébains ont perforés en tous sens pour en faire leur nécropole , nous visitons encore quelques tombeaux souterrains , dont l'un , du temps de Touthmès III, donne de singuliers détails sur les productions des pays tributaires de la XVIIIme dynastie et sur la manière dont les ouvriers des différentes professions procédaient à leurs travaux ; on peut même constater que les artisans de l'Egypte moderne se servent absolument des mêmes outils et des mêmes procédés, et que par conséquent, il y a quatre mille ans, elle était aussi avancée dans les arts que maintenant.

Pour retourner au Nil, il nous faut traverser des canaux inondés, et nos âniers craignant de voir leurs bêtes entraînées par le courant, préfèrent nous porter eux-mêmes pour passer l'eau. Je monte donc à cheval sur les épaules de Saïd, et le voilà qui, malgré son fardeau, entre courageusement dans le ruisseau. Mais arrivé au beau milieu et ayant de l'eau jusqu'aux aisselles , il s'arrête court et d'un ton très-décidé :

— Est-ce vrai que vous n'avez pas de monnaie ? me demande-t-il.

— Je n'ai plus rien , lui dis-je, pour voir où il en voulait venir.

— C'est étonnant, ajoute-t-il, vous êtes pourtant bien lourd ; en cherchant bien, vous en trouverez.

En disant cela, il paraît chanceler et avoir quelque velléité de me laisser tomber en plein dans le canal.

J'avoue que je ne me sens pas fort à mon aise ; je ne veux pas avoir l'air de céder à cette sorte de *chantage* et, tout en comprenant que c'est une plaisanterie, je la trouve très-déplacée. Aussi je pique des deux, en serrant des talons ma monture humaine et je lâche deux ou trois injures arabes, qui font comprendre à mon donkeyman qu'il a été trop loin.

Il s'empresse de me déposer à terre et paraît un peu confus. Mais moi-même, réfléchissant, je ne puis m'empêcher d'admirer son esprit et sa hardiesse, et me trouvant hors de danger, je lui dis :

— Saïd, vous m'avez fait peur.

A quoi il répond que les Arabes ne font jamais de mal aux bons Français comme moi ; puis il devient gracieux et insinuant, afin de faire complètement la paix ; même, pour regagner le terrain qu'il a perdu dans mes bonnes grâces, il essaye de renouveler la plaisanterie qui dure depuis le matin. Voici comment.

J'ai la mauvaise habitude de chanter à tout
propos ; les âniers, m'entendant, se groupent
derrière moi pour m'écouter ; il faut dire qu'ils
ne sont pas difficiles en fait de musique ; je m'a-
perçois que j'ai un public improvisé, et Saïd
m'encourage à continuer, en me disant que je
chante très-bien et qu'arrivé à la barque il me
donnera un bon bakchich.

Je me mets à rire de son insistance à jouer son
rôle de millionnaire. Il voit que je ne lui en
veux plus et, au moment de nous séparer, le
bakchich promis est donné. Seulement c'est Saïd
qui le reçoit.

20 décembre.

La journée toute entière a été consacrée à visiter les ruines de Karnak.

Il est hors de doute que la partie la plus importante de l'ancienne ville de Thèbes s'étendait sur la rive droite, depuis Karnak jusqu'à Luxor, les ruines splendides que l'on rencontre à chaque pas, la quantité de pylônes qui restent encore debout, justifient la réputation de beauté et de grandeur qu'a eue cette ancienne cité et le titre que lui donnent les auteurs grecs, de ville aux cent portes.

On arrive à Karnak par un arc de triomphe colossal qui était destiné à relier les deux tours d'un pylône qui n'a pas été achevé. Ce monument a ceci de particulier, qu'au milieu de sujets dans le style égyptien, le roi Ptolémée Evergète y figure en costume grec, ce qui dut paraître fort inconvenant aux artistes du temps, habitués aux formules traditionnelles.

Un temple assez bien conservé auquel conduit une avenue de sphinx, était dédié au dieu

Khons , un des trois personnages de la trinité thébaine.

Devant nous , se présente une succession de pylônes, d'obélisques, de colonnades qui s'étendent à perte de vue ; c'est le grand temple d'Ammon, le dieu créateur, symbolisé par deux grandes plumes, emblème de clarté, et par un disque solaire qui représente la chaleur nécessaire à toute génération; sans compter d'autres symboles encore plus compréhensibles, que je me dispense de mentionner.

Quand, pendant toute une journée, on a parcouru ce temple gigantesque, l'impression que l'on ressent est un sentiment de tristesse. Pas une salle, pas une colonnade, pas une statue, pas une porte, pas un obélisque, rien qui soit intact. Tout est mutilé, brisé, pulvérisé.

C'est une salade de ruines, une compote de granit, une marmelade de sculpture, une purée de chefs-d'œuvre ! Cette comparaison culinaire est prosaïque, j'en conviens, mais elle rend parfaitement mon idée.

Il faut pourtant admirer des pylônes grands comme des montagnes et sculptés du haut en bas, des salles superbes supportées par des colonnes d'une variété infinie, des sanctuaires de granit dont les peintures sont parfaitement conservées, et surtout le grand hypostyle, qui ressemble à une forêt de colonnes monstrueuses ; le plafond a croulé partout, et les nombreux oiseaux qui gazouillent dans le feuillage des chapiteaux complètent l'illusion.

C'est à l'ombre de ces arbres de pierre que nous avons pris le repas et le repos de midi ; et le silence, la majesté, la splendeur de ce lieu formaient un ensemble que je n'oublierai jamais.

Pendant que nous parcourons ce chaos pétrifié qu'on appelle Karnak, une masse de petits fellahs nous suit cherchant à nous soutirer quelque aumône. Je vois dans le sable une pierre arrondie que je retourne du pied, et je reconnais que c'est la tête d'une petite statue en granit rose ; je ramasse ma trouvaille avec empressement, et j'apprends aux moutards qui m'entourent que ce morceau de statue a une certaine valeur, que c'est *antique*.

Aussitôt l'un d'eux saisit à terre un éclat de granit tout à fait insignifiant et me le présente en disant :

— Antique !

Je fais semblant d'admirer beaucoup son fragment de rocher et j'ai l'air de vouloir l'acheter ; il m'en demande tout de suite une guinée.

Après de longs pourparlers, nous arrivons à ne pas pouvoir être d'accord sur le prix ; il en veut, je crois, six francs et je ne lui en offre que deux ; aussi je finis par lui tourner le dos.

Mon gamin, voyant qu'il a manqué son opération commerciale, revient à la charge, met sa pierre dans la poche de mon habit et me fait comprendre qu'il m'en fait cadeau. Mais, voyant que je le remercie avec effusion de sa générosité, il me tend la main :

— Bakchich ! dit-il.

Franchement, je lui en dois un. Je le lui donne.

Au moment où il s'en va triomphant, je le rappelle et, lui offrant un caillou aussi peu important que celui qu'il m'a présenté, je lui dis de le garder en souvenir de moi. Mais, quand je vois qu'il l'a accepté de bonne grâce, je lui tends la main à mon tour en lui réclamant un bakchich d'un ton suppliant.

Alors seulement il comprend que je l'ai mystifié. Mais il sait s'en venger avec esprit. Il tire de sa poche la pièce de monnaie que je lui ai donnée, l'unique peut-être qu'il possède, et, me la mettant dans la main avec une certaine dignité, il se retire me laissant un peu attrapé d'avoir si bien réussi.

Aussi je l'appelle une dernière fois pour le récompenser de la petite comédie qu'il a jouée sans trop s'en douter.

Mistriss B... rencontre dans les ruines son ânier de la veille; elle lui avait fait l'observation qu'avec sa mauvaise chemise déchirée, qui lui tenait à peine aux épaules, il était un peu *choking,* et le garçon avait désiré lui faire voir qu'il possédait de beaux vêtements pour les jours où il ne courait pas dans les broussailles. En effet, il est méconnaissable avec son *abbaÿe* bleue en poils de chameau retombant en longs plis sur ses talons, son *tarbouch* d'Esneh, qui lui surmonte la tête comme une petite mitre brodée, toute blanche et bien propre, son ample *melayeh* d'Ethiopie qu'il drape gracieusement autour de son corps. Il nous aborde en vrai gentleman et, comme aujourd'hui il n'est pas à nos ordres, il daigne se promener avec nous; après avoir fait un peu de conversation pour jouir de l'effet produit par son costume, il prend congé en donnant à tous, surtout à mistriss B..., de vigoureuses poignées de main. Du reste, ce jeune fellah de treize ans a raison de faire des économies les jours de travail, car il nous a appris qu'il était marié et père de famille.

En retournant à Luxor, nous avons franchi de nombreux pylônes écroulés; à chaque pas on voit surgir de terre quelque chef-d'œuvre mutilé; toute une population de dieux, de sphinx, de colosses habite ces plaines historiques. Dans un seul point, autour d'un bassin creusé en forme de fer à cheval, il y a des centaines de statues de Pascht, la déesse à tête de lionne, symbole du plaisir et de la volupté, de ce qui dissout et anime, de ce qui épuise et fructifie; ces statues, de grandeur naturelle, taillées dans le granit gris à grain fin et dur, forment à ce lac une bordure féerique.

Avant de quitter ce sol intéressant, nous visitons les vastes salles du temple de Luxor et nous reprenons notre bateau.

21 décembre.

Dans la matinée nous arrivons à Esneh, qui a
la réputation d'être la Capoue de l'Egypte. La
ville nous a paru assez insignifiante. Elle est un
peu animée par un détachement de bachi-bozouks
aux costumes éclatants et variés.

On trouve là le péristyle très-bien conservé
d'un temple. Le style des bas-reliefs est lourd et
sent un peu la décadence. Les colonnes, au contraire, sont plus minces et plus élancées que de
coutume et, pour faire les chapiteaux, on a épuisé
toutes les combinaisons des fleurs et des feuilles
du lotus, du papirus et du palmier; aussi pas un
n'est semblable à l'autre et tous sont fort beaux.
Le reste du temple sera déblayé tôt ou tard.

Après avoir repris notre navire, nous arrivons
au coucher du soleil à Edfou, dont nous apercevons depuis longtemps le pylône énorme qui se
dresse dans la plaine.

22 décembre.

Nous allons de bonne heure contempler le superbe temple d'Edfou, en admirer les détails remarquables et l'ensemble imposant.

C'est, jusqu'à présent, le monument le plus complet que nous ayons vu. Edifié par les Ptolémées, il a toute l'ampleur des constructions des anciennes dynasties et a, de plus, une certaine grâce qui indique une influence grecque.

Il a été entièrement déblayé depuis quelque temps; c'est le premier temple dont nous pouvons voir le plan complet et l'aspect que l'architecte a voulu donner.

On y entre par ce gigantesque pylône que l'on aperçoit de si loin et qui se compose de deux fortes tours, à forme pyramidale, réunies par un portail très-élevé; il ne monte pourtant qu'aux deux tiers des tours. Sur la façade de ce pylône on a sculpté, de grandeur colossale, les représentations d'Horus, le dieu de lumière, qui a daigné se faire homme, et de sa mère, Athor, la vierge immaculée qui se confond souvent avec

Isis. Des rois, hauts comme des maisons, tenant
par les cheveux des liasses de prisonniers vaincus, les offrent à ces divinités. A droite et à
gauche du portail, se trouvent les débris de deux
colosses en forme d'épervier mitré, oiseau sym-
bolique d'Horus. On voit encore à l'intérieur de
la porte le système de plaques tournantes qui
servait à faire ouvrir et fermer les lourds battants de bronze qui ornaient l'entrée du temple.

Ce pylône majestueux donne accès dans une
vaste cour ornée tout autour de hauts portiques
à colonnes. Puis se présente un péristyle aux piliers énormes, dont les chapiteaux sont d'une richesse et d'une variété admirables. De là on passe
dans un majestueux vestibule qui communique
avec un grand nombre de salles latérales et mène
à un hypostyle orné comme le péristyle de colonnes superbes. Une salle élevée sert de pronaos,
et enfin on arrive au sanctuaire ou naos; ses
murs sont inclinés extérieurement et il est isolé,
au moyen d'un couloir, de toutes les salles qui
l'entourent. Sur la droite est une petite chapelle
très-ornementée qu'on retrouve à la même place
dans tous les temples, et qui devait contenir les
objets sacrés les plus précieux.

Tout est couvert de sculptures peintes, et l'ensemble du monument est enveloppé par un mur d'enceinte orné également, des deux côtés, de bas-reliefs d'une grande délicatesse.

On comprend, en visitant cet édifice si bien conservé, quelle impression devaient éprouver les initiés lorsqu'ils pénétraient au sanctuaire après avoir franchi le pylône monumental, traversé la grande cour pleine de lumière, parcouru ces forêts de colonnades sombres et imposantes pour arriver de vestibules en péristyles jusqu'aux chambres sacrées qui reçoivent par la porte un jour douteux, et devaient être illuminées par les flammes des brûle-parfums.

Comment se fait-il que ce temple, beaucoup moins important que celui de Karnak, m'ait pourtant ému bien davantage ? C'est qu'à Karnak tout est détruit, tout a perdu sa forme et son effet. Ainsi le grand pylône de Thèbes qui a quarante-quatre mètres de haut, mais qui s'écroule, paraît bien moins élevé que celui d'Edfou qui n'a qu'une trentaine de mètres, mais est encore entier. A Karnak, on ne peut avoir aucune idée de l'ensemble, il faut faire constamment un effort d'imagination pour reconstruire chaque détail et se figurer les splendeurs du temple d'Ammon ; tandis qu'à Edfou, dès la première vue, on est

6*

saisi, le prestige est complet, et l'émotion va grandissant à mesure que l'on parcourt ce chef-d'œuvre de l'architecture égyptienne.

Un escalier en très-bon état nous a permis de monter sur la terrasse du pylône et de jouir de la magnifique vue des rives du Nil.

Après quelques heures de marche de notre bateau, nous nous arrêtons aux carrières de Silsileh d'où l'on a tiré la plupart des magnifiques matériaux qui ont servi à construire les palais des anciens empires. On voit encore, à l'angle des rochers exploités, les trous en forme d'anneaux dans lesquels on passait les câbles destinés à retenir les blocs ; on les descendait ainsi jusque sur les bateaux du Nil par une pente douce formée de sable et de cailloux glissants.

Quelques chapelles funéraires et des stèles taillées dans le roc rappellent des ex-voto de différents rois, notamment de ceux de la XVIIIe dynastie.

A Silsileh, la chaîne arabique se rapproche des montagnes libyques au point que le Nil se trouve resserré entre deux murs de rochers.

Une heure après, notre steam-boat s'arrêtait devant une montagne de sable qui s'avance sur le fleuve ; elle est dominée par quelques maisons ruinées, bâties en briques crues. Nous gravissons cette élévation qui se termine par une sorte de cratère ouvert du côté du fleuve ; au centre du creux se présente la splendide ruine du temple d'Ombos.

L'édifice se compose de deux temples juxtaposés, l'un dédié à la trinité de Sebek, le dieu à la tête de crocodile, l'autre à la trinité d'Harouès, le dieu du Sud. Un pylône précédait ce monument, mais le Nil, qui empiète toujours sur cet antique territoire et qui, de concert avec les sables du désert, l'anéantira tout à fait, le Nil, dis-je, a fait crouler la moitié du pylône ; l'autre partie se dresse à pic sur le fleuve comme un monolithe titanesque.

Le site d'Ombos est un des plus majestueux que je connaisse ; pendant que notre bateau nous en éloigne de toute la vitesse de sa machine, nous ne pouvons nous lasser de contempler cette riche colonnade posée sur le front de la montagne comme un diadème. Le soleil couchant lui donne des tons dorés dont l'effet est magique.

23 décembre.

A dix heures du matin, nous arrivons à Assouan (Syène des Romains), dont le paysage rocheux, escarpé et verdoyant nous présente le Nil sous un nouvel aspect.

Le port, défendu par de pittoresques écueils de granit rose, offre aux regards un ensemble de maisons en amphithéâtre et de bouquets de sycomores, de palmiers, de doums et de gommiers poussant au milieu de rochers tourmentés. Des ruines aux silhouettes imposantes dominent ce site intéressant.

Nous parcourons la ville. On voit que les Européens y sont rares, car devant nous les enfants se sauvent, les femmes se cachent, les hommes font des gestes de mépris ou portent à l'œil le pouce de la main gauche étendue pour se préserver du mauvais regard.

Nous visitons un temple qui n'a de remarquable que sa nouvelle extraction des décombres ; il n'y a pas un mois que Mariette-Bey l'a découvert.

Nous marchandons quelques objets du Soudan et des poteries que l'on fait très-bien ici ; on nous en demande des prix exorbitants. Nous les laissons à leurs heureux propriétaires, bien persuadés que, selon l'usage égyptien, au moment de notre départ on nous accablera de ces objets et qu'on nous les abandonnera pour quelques bakchichs.

L'indigène, qui voit l'antiquaire ou le voyageur payer au poids de l'or de vieux débris ou certains costumes étrangers, en conclut que le voyageur et l'antiquaire sont des imbéciles, et il leur offre avec un grand sérieux des cailloux roulés, de vieilles bretelles ou des bouchons de carafe dont il demande plusieurs guinées.

Nous traversons le Nil pour aller visiter l'île d'Eléphantine où il y a une ruine sans importance, une vue splendide sur le fleuve et des îlots nombreux, enfin une population éthiopienne fort curieuse.

Les jeunes filles courent par les chemins, ornées d'un voile qui tient à leurs cheveux nattés en petites tresses et luisants de graisse. C'est là tout leur vêtement, car je ne parle pas des nom-

breux colliers, des bracelets, des boucles d'oreilles et des ceintures formées d'une frange garnie
de coquillages ; le voile est toujours flottant derrière 'elles, ce qui permet d'admirer les détails
de ce costume singulier, la couleur de leur peau
bronzée et la laideur de leurs formes.

Il y a du reste à Assouan plusieurs races mélangées. Celle du fellah est sans contredit la
moins belle ; il n'a plus ici le type des habitants
de la basse Égypte, son nez est camard et ses
yeux abrutis. Les figures les plus intelligentes
sont celles des barbarins et de certains nègres.
Les barbarins ont le profil énergique et la pose
digne, ils sont généralement d'honnêtes gens et
alimentent de serviteurs fidèles le Kaire et
Alexandrie. Les nègres ont la physionomie ouverte et franche, ce sont de bonnes bêtes de
somme aimant la gaîté et l'insouciance. On voit
aussi là des personnages à peine vêtus, aux cheveux crépus et longs ; ils viennent de l'Abyssinie
pour faire un peu de commerce et acheter des
alcooliques ; leurs têtes ébouriffées sont effrayan-
tes et leurs yeux ont quelque chose de fauve qui
terrifie.

Les gamins d'Éléphantine paraissent avoir
grand'peur de nous. Quelques-uns, envoyés par

leurs parents, se hasardent à nous offrir des brinborions qu'ils croient curieux ; mais à peine nous les ont-ils mis dans les mains qu'ils se sauvent à toutes jambes comme si nous les avions brûlés. Pourtant peu à peu ils s'apprivoisent et deviennent nombreux autour de nous ; quand par hasard on en regarde un groupe un peu fixement, tout s'éparpille au loin comme une volée de moineaux. Mais bientôt chacun revient et se fait de plus en plus entreprenant, si bien que nous finissons par ne plus pouvoir nous en débarrasser. Ils veulent nous vendre une masse de verroteries sans valeur en nous criant : « Antique ! antique !! » Ou bien ils ne nous offrent rien mais nous demandent tout de même des bakchichs.

Je parviens à faire une affaire superbe. J'obtiens, moyennant un *talari*, le costume complet d'une jeune barbarine qui le remplace avec avantage par un mouchoir de poche.

Nous passons la soirée à l'abri d'un magnifique sycomore sous lequel le gouverneur nous offre le café. Pendant que nous admirons le soleil couchant qui se cache derrière les montagnes roses, deux individus viennent se soumettre au jugément du gouverneur. Ils l'abordent par derrière pour ne pas nous gêner ; le magistrat écoute les plaideurs sans les voir et les juge en deux mots tout en faisant la conversation. Il s'agit d'un homme qui doit une forte somme à un autre et demande du temps pour la payer.

— Si tu n'as pas payé au *Ramadan,* dit le juge, on te fera sortir l'argent du corps à coups de courbache.

Et la cause est entendue et jugée sans appel.

Il y a près de notre bateau un autre vapeur du vice-roi qui a amené des personnages importants, chargés de prolonger la ligne télégraphique jusqu'à Kartoum.

Mais ce qu'il y a de curieux, c'est que dans ce bateau il y a un homme enchaîné que les matelots n'ont vu que quand on l'a mis au Kaire à fond de câle et quand on l'a fait sortir cette nuit pour le diriger vers le fleuve blanc. Cet homme a, paraît-il, une tournure distinguée ; on ne peut savoir son nom ; mais on lui parle comme à un grand seigneur et des officiers supérieurs ont ordre de l'accompagner jusqu'au

Senaar, Sibérie brûlante du vice-roi, où les hommes déportés trouvent la fièvre jaune, les bêtes fauves et une espèce de mouche dont la piqûre est mortelle.

24 décembre.

Nous l'avons vue, l'île sans pareille, la belle
Philæ, la favorite des Ptolémées! Nous l'avons
vue et son souvenir nous charme encore. Quelle
poésie dans ce site unique au monde! Quelle
splendeur dans ces ruines de temples et de palais! Quelle magnificence dans cette verdure qui
encadre les pylônes et les colonnades! Et le
fleuve aux eaux bleues qui court tout autour des
hautes terrasses en les enveloppant d'une écume
blanchissante. Et les montagnes de granit rose
qui forment des rives sauvages et arides plon-
geant à pic dans le fleuve ; elles semblent protéger ce paradis, dédié à Isis, contre l'approche
des profanes. Ce n'est pas sans une suave et
vive impression que je me rappelle les moments,
trop courts, hélas! que j'ai passés dans ce lieu
ravissant.

La visite à l'île de Philæ est un véritable pè-
lerinage artistique et archéologique. C'est pour
ainsi dire le but de notre voyage. Elle le termine
d'une manière parfaite et en fait le couronne-
ment suprême.

Nous sommes partis de bon matin pour cette excursion splendide. Après nous avoir fait parcourir d'anciens cimetières arabes dont les inscriptions en écritures couphiques rappellent le temps des batailles livrées par les lieutenants de Mahomet, nos ânes nous ont fait traverser une vallée à fond de sable formée à droite et à gauche par des rochers de granit fendillés, morcelés et bizarres. Puis nous avons débouché sur les rives du Nil, dont les eaux rapides roulent entre des blocs escarpés qui se superposent et forment de hautes montagnes grisâtres et sombres.

Au milieu du fleuve il y a des masses d'îles, les unes rocheuses et arides, les autres couvertes de verdure. A chaque pas que l'on fait les plans se modifient, la vue tourne, l'aspect change et l'on croirait que tous ces rochers aux contours aigus et nets sont les portants d'une décoration théâtrale que quelque pouvoir surnaturel fait avancer et reculer, de manière à varier à l'infini les combinaisons des arbres verts, de la pierre brune, de l'eau bleue et des maisons blanches ; de manière à faire des oppositions subites de lumière et d'ombre, de sites sauvages et de paysages riants ; à montrer enfin au voyageur étonné des aspects heurtés, invraisemblables et toujours charmants.

Cheminant le long des rives rapprochées qui se contournent, nous nous trouvons tout d'un coup en face d'une île élevée, surchargée de monuments élégants et grandioses qui blanchissent à travers les palmiers verdoyants. C'est Philæ.

Une assez jolie barque poussée par quatre barbarins jeunes et vigoureux nous porte dans l'île que nous parcourons enthousiasmés, allant de merveille en merveille. Tantôt c'est un énorme naos qui dans ses flancs sculptés contient un sanctuaire et toutes les salles accessoires ; tantôt c'est un pylône gigantesque et élancé qui dresse dans les airs ses tours majestueuses ; d'autrefois ce sont de charmants kiosques, formés de colonnes variées ; suspendus sur les eaux, ils mirent dans le fleuve leurs chapiteaux de fleurs de lotus confondus avec les têtes de palmiers qui les ombragent Là est un petit temple, ici un obélisque, plus loin une double colonnade qui aboutit au Nil par un vaste escalier. Partout se présentent des échappées de vue qui ouvrent sur les rives pittoresques des perspectives ravissantes et, si une voile blanche vient à se détacher sur l'onde limpide et profonde, le tableau est complet.

Quand on pénètre dans l'intérieur des édifices,
on admire les détails infinis des bas-reliefs et
des peintures. Nous retrouvons là les sujets et
les formes conventionnelles que nous avons déjà
vus ailleurs, mais le cadre est si beau et fait si
bien ressortir chaque chose que tout paraît nouveau et comme l'œuvre d'un artiste à part.

L'île n'est pas considérable, et pour entasser
tant de chefs-d'œuvre dans un si petit espace, il
a fallu rompre les lignes droites affectionnées
des architectes égyptiens et renoncer à la symé-
trie qui, à Edfou, par exemple, donne tant de
grandeur aux monuments. Mais cette disposition, loin de nuire à l'ensemble, donne de l'im-
prévu; tous ces plans, qui se contrarient et
s'enchevêtrent, laissent supposer une suite infinie de vastes salles et de gracieux péristyles;
le monument offre ainsi plus d'intérêt que s'il
avait un grand axe tout droit qui permettrait de
tout voir d'un seul coup d'œil. Si cet agence-
ment n'est pas l'effet du hasard, c'est le fait d'un
esprit inventif et supérieur qui a présidé à cet
ensemble harmonieux, original et si bien pro-
portionné.

A l'entrée du grand pylône, nous trouvons une
inscription tracée par l'armée française sous les

ordres de Desaix, qui en 1799, l'an VI de la république, poursuivit les Mamelouks au-delà des cataractes.

Dans l'intérieur du temple principal nous rencontrons un vieux mauricaud porteur d'une quantité de certificats délivrés par les voyageurs et qui ne certifient rien du tout, si ce n'est qu'il a une grande envie de recevoir des bakchichs. L'un de ces documents moins important que l'inscription de Desaix, n'en est pas moins un produit de l'esprit français ; je le copie textuellement :

« Signalement d'Abdallah. — Taille ordinaire, figure bête, nez pomme cuite, yeux couleur jus de tabac, bouche de crocodile.

« Signe particulier. — Inventeur d'un cancan sentimental et coquet, qu'il danse avec des gestes de singe savant.

« Au demeurant fort honnête homme.

« Signé : — Grassot fils. »

Eh bien, vrai ! cela fait plaisir de retrouver à la hauteur des tropiques cette verve folle de la Gaule qui sait plaisanter sans aigreur ; on voit que le touriste en gaîté qui a écrit cette boutade a été bien aise de rire un peu et serait pourtant désolé de faire le moindre tort au pauvre Abdallah.

Nous reprenons notre barque pour remonter le Nil et voir quelque peu la Nubie. On largue la grande voile, et grâce au vent du nord nous fendons l'eau rapidement entre deux murailles granitiques relevées çà et là par la verdure qui entoure les villages.

Nos bateliers, qui n'ont pas à ramer, se mettent à chanter en frappant le rhythme avec les mains ; l'un d'eux prend un *tarabouka,* sorte de tambourin formé par une peau de poisson tendue sur un vase en terre cuite, et un autre exécute sur le pont du bateau une danse de bayadère que les sergents de ville n'auraient certes pas tolérée.

Nous abordons à un petit village éthiopien, et en le visitant nous manifestons le désir de faire quelques achats. On nous présente des antiquités de peu de valeur et des colliers de verroterie ; nous en donnons le prix qu'on en demande ; mais à peine le marché est-il conclu, que les indigènes poussent de grands cris, déclarent que ce n'est pas assez payé et nous demandent encore de l'argent ; nous leur donnons de nouveau ce qu'ils réclament en plus et nous nous disposons à partir. Alors nos vendeurs et vendeuses, voyant la facilité avec laquelle nous en passons par ce qu'ils veulent, reviennent à la charge et crient que nous les volons, etc., etc. Indignés de leur manière de comprendre le commerce, nous leur jetons leur marchandise à la figure et nous reprenons l'argent que nous leur avons remis.

Ici la scène change. Les voilà suppliants, diminuant leurs prétentions d'une piastre à chaque pas que nous faisons du côté du fleuve. Pour nous, nous sommes inflexibles et ne voulons rien entendre jusqu'au moment où, montés dans le bateau, nous obtenons ces souvenirs de voyage au quart du prix que nous en avions donné en premier lieu.

Nous retournons dans l'île, où le déjeuner, dressé sur un monolithe renversé, nous attend dans le somptueux péristyle du sanctuaire. Quelle superbe salle à manger ! Les teintes vert clair et bleu tendre des chapiteaux sont encore d'une grande fraîcheur ; sur les murs, les dieux égyptiens avec leurs yeux obliques nous regardent manger, tandis que des Pharaons leur présentent des offrandes de pierre, qui certes ne valent pas nos pâtés froids.

Encore une fois nous parcourons et admirons

ces palais splendides, puis nous montons en barque pour aller voir la cataracte du Nil, qui est au-dessous de Philæ. Nous voudrions même la traverser en bateau et revenir ainsi à Assouan, mais le *reïs* nous déclare qu'à cause du vent c'est excessivement dangereux. Est-ce encore une question de bakchich? Nous n'osons pas trop insister, car, pour gagner quelques napoléons, ces gens seraient capables de se jeter dans les rochers, et nous avec, bien entendu.

Après avoir passé entre deux falaises rapprochées, le fleuve s'élargit et apparaît parsemé d'une multitude d'îlots. On comprend qu'il soit assez difficile de se diriger au milieu de tous ces récifs. Aussi le reïs, devinant notre impression, prend un air terrifié et dit que le vent est trop fort, qu'il lui est impossible d'aller seulement en vue de la cataracte ; il ajoute qu'il ne le fera que moyennant un bon bakchich.

La question ainsi posée devient des plus simples, nous disons au batelier de nous conduire à terre, puisqu'il ne se sent pas le courage nécessaire et que là nous trouverons facilement d'autres barques. Cet ordre fait l'effet d'un mot de Neptune apaisant les flots ; subitement le reïs trouve que le vent s'est beaucoup calmé et que la promenade, grâce à ses vigoureux rameurs et à son habileté de pilote, ne présente aucun danger.

Et voilà les jeunes barbarins qui manœuvrent les rames avec ardeur, et selon l'usage oriental, chantent en mesure des « éleïsons ! » afin qu'Allah leur donne la force que leur nonchalance habituelle les empêche de trouver.

Pourtant la vigueur de nos rameurs est hors de discussion ; il n'en est pas de même de l'habileté du reïs.

A chaque instant le courant nous dirige sur des écueils à fleur d'eau. Alors une discussion s'engage entre le pilote et ses hommes ; pendant ce temps, bien entendu, les rames et le gouvernail cessent de fonctionner. Heureusement qu'il y a un Dieu pour les musulmans et nous en profitons, car nous finissons toujours, grâce à la vitesse de l'eau, par raser les rochers sans les toucher.

Enfin nous arrivons tout près de la cataracte et, mettant le pied à terre, nous montons sur une éminence pour jouir de la vue des rapides qui se précipitent entre les pierres avec un grand bruit. Contre la rive gauche il y a une espèce de chenal naturel, c'est là que passent les barques qui traversent ce passage dangereux ; les eaux s'y engouffrent avec fracas et remontant forment une sorte de hauteur, puis un creux, puis une vague et ainsi de suite ; le tout entouré de tourbillons en forme d'entonnoirs.

Mais un homme qui nous a vu venir entreprend de franchir le rapide à la mode du pays, c'est-à-dire à cheval sur un tronc de palmier ; il arrive avec vitesse, dirigé par ses mains qui rament à droite et à gauche. Tout d'un coup la cascade s'empare de lui et le précipite dans le gouffre ; il disparaît un instant, puis reparaît pour s'enfoncer encore et suivre ainsi le mouvement ondulé des vagues. Cramponné à son morceau de bois, il s'abandonne à la force des eaux et en deux secondes il a traversé ce dangereux courant, qui, du reste, n'intimide guère les indigènes, car les femmes elles-mêmes avec leurs enfants dans les bras le traversent au moyen de l'appareil rudimentaire du tronc de palmier.

Il va sans dire que notre homme, qui n'était vêtu que d'un turban, le drape autour de ses reins pour être convenable, et se présente à nous pour demander un bakchich que nous lui donnons de grand cœur.

Nous remontons à âne, et, suivant le bord

accidenté du fleuve, nous allons voir des carrières de granit rose qui ont été exploitées par
les anciens Pharaons, comme l'indiquent des
inscriptions hiéroglyphiques gravées dans les
rochers.

On y reconnaît parfaitement le système employé il y a cinq ou six mille ans, pour enlever
de la montagne, sans le secours de la poudre,
des blocs énormes. On creusait d'abord dans la
pierre des trous en forme de coins, placés suivant le contour que l'on voulait donner au monolithe ; on avait soin d'incliner la face du trou
qui se trouvait sur le bloc et de laisser perpendiculaire la paroi qui restait du côté de la montagne. Puis on introduisait dans chaque creux
un morceau de bois très-sec qui le remplissait
exactement, et pour terminer, on arrosait d'eau
ces coins desséchés. Le granit, qui est très-dur,
mais formé d'une substance cristalline, sollicité
par la force d'expansion du bois gonflé, se fendait suivant les faces de ces cristaux, et le monolithe se séparait ainsi de la carrière.

Ces chantiers sont tels qu'ils étaient lorsque
les ouvriers les ont abandonnés. On voit encore
un obélisque de trente mètres de long qui a été
laissé là à cause d'un défaut de la pierre ; on

remarque les coups de coins manqués et ceux qui ont réussi, on retrouve le chemin ménagé en pente douce et garni de sable sur lequel, avec un système de rouleaux, on faisait glisser les blocs extraits. En un mot, si les tailleurs de pierre de Touthmès 1er ou de Ramsès II revenaient à leur travail, on n'en serait point étonné, tellement chaque cassure est fraîche et chaque coup de ciseau est encore visible.

Nous reprenons nos montures. Mon ânier, Mehemet, petit garçon de dix ans, a grand soin, chaque fois qu'il passe dans les villages, d'insulter toutes les femmes qu'il rencontre. Je lui en fais l'observation, et il me répond avec un geste de mépris :

— Ce sont des *Barabrahs !*

— Et toi-même est-ce que tu n'es pas Barbarin ?

— Oh non ! je suis d'Assouan.

Le pauvre garçon croit se flatter, il ne se doute pas que ses traits fins et éveillés indiquent clairement son origine barbarine; mais, je ne sais pourquoi, personne ici ne veut convenir qu'il soit Barbarin. Les Barabrahs sont pourtant les indigènes les plus intelligents et les plus honnêtes; aussi, on les prend ordinairement pour serviteurs. Peut-être est-ce pour cela que le mot de Barbarin est devenu avilissant pour ces fiers Africains qui aiment mieux se courber devant le bakchich ou le courbache que de passer pour un fidèle domestique.

Certes, je n'avais pas à intervenir dans ces querelles de races ; mais comme les Barbarines, pour se venger des injures de mon petit Mehemet, lui lançaient, en signe de malédiction, du sable qui me venait dans les yeux, je fus obligé de mettre le holà et d'interdire à mon ânier ses manifestations aristocratiques.

C'est d'ailleurs cette animosité qui règne constamment entre chaque village de Nubie qui force les indigènes à marcher toujours armés du bouclier en cuir d'hippopotame et des javelots antiques.

Le soir nous parcourons le village. Les habitants, qui commencent à comprendre que nous ne voulons ni les piller, ni les réduire en esclavage, ni les pendre, ni les dévorer, mais qu'au contraire nous leur achetons assez cher des objets de peu de valeur, les habitants donc commencent à nous entourer, soit pour nous vendre des corbeilles, des bijoux ou des armes, soit pour le plaisir de parler et de plaisanter avec des Européens. Ceci m'a rappelé un mot de M. W..., le consul anglais de Suez, qui disait :

— Ce n'est pas à coups de fusil qu'on colonise un pays sauvage et qu'on se fait bien venir des habitants, c'est à coups de guinées !

C'est demain le jour de Noël ; aussi nous préparons, avec une grosse branche d'acacia ornée de ses longues gousses, un arbre de Noël superbe, plein de bougies allumées, de bonbons et d'oranges. Un punch et une tombola, pour laquelle M. N. B..., seul Français habitant à Assouan, offre des lots magnifiques, viennent compléter la fête. Nous avons invité à cette solennité chrétienne deux musulmans, le capitaine et le docteur du bateau ; ils n'ont pas pris de punch mais ont accepté du café.

25 décembre.

Nous quittons Assouan pour retourner au
Kaire. La force du courant se joint à celle de la
machine pour nous faire passer rapidement devant les lieux que nous avons visités en remontant le fleuve ; c'est une sorte de récapitulation
de notre voyage.

A Esneh, nous stationnons quelque temps
pour prendre du charbon.

En visitant la ville nous nous arrêtons devant
une école de petits garçons qui chantent des
psaumes en balançant le haut du corps. Le pro-
fesseur nous aperçoit et se précipite pour nous
demander un bakchich. Il ne faut plus s'étonner
d'avoir affaire en Egypte à un peuple de mendiants, puisque les maîtres d'école eux-mêmes
donnent l'exemple.

Quelques pas plus loin je vois un enfant s'é-
lancer de l'intérieur d'une maison pour venir
me baiser la main. Il me demande en arabe si
j'ai fait bon voyage et paraît avoir pour moi la

plus grande affection et le plus sincère respect. Je finis par le reconnaître.

A mon premier passage à Esneh, il était venu au bateau pour nous vendre des allumettes, mais, bousculé par ses camarades, il avait laissé tomber dans l'eau toute sa petite boutique. Il avait bien essayé de la repêcher, d'essuyer ses boîtes et de souffler sur ses paquets pour les faire sécher ; mais il comprenait que tous ces soins étaient inutiles, et son désespoir était immense. Alors, pour le consoler, je lui donnai une pièce d'argent qui représentait à peu près la valeur de son fonds de commerce ; il la saisit avec empressement et la mit avec avidité dans sa bouche ; c'est là ordinairement l'unique porte-monnaie des petits fellahs.

J'avais oublié cet épisode et j'ai vu avec plaisir que l'enfant s'en était souvenu et que sa reconnaissance égalait la joie qu'il avait éprouvée en retrouvant subitement sa fortune qui venait de se noyer.

26 décembre.

Nous avons passé la nuit devant Luxor, et, le matin, nous profitons de l'obligeance de M. R..., le consul autrichien, pour visiter avec lui les ruines de Karnak. Il nous fait remarquer beaucoup de détails intéressants que nous n'avions pas vus la première fois ; mais l'impression générale reste la même : c'est un cahos de ruines.

Les monuments de la XVIIIe dynastie sont venus se superposer sur ceux de la XIIe qui avait fondé Thèbes ; cet enchevêtrement a ôté l'unité d'aspect et détruit les proportions majestueuses qui avaient présidé aux premières constructions. Puis les XIXe et XXe dynasties ont ajouté leurs conceptions grandioses, mais le plan général de l'ensemble en a été écrasé et déformé. La superbe colonnade de Seti Ier a étouffé les autres salles, ainsi que les sanctuaires, sous sa splendeur gigantesque ; les pylônes de Sésostris ont rendu inutiles les anciens propylées et en ont fait abandonner l'axe central ; Ramsès III a osé encastrer un temple au beau milieu d'un péristyle. Enfin, avec les dynasties suivantes, on voit les Séconchis, les Osorchon, les Takelothis entreprenant des ouvrages trop considérables pour leurs forces et les laissant inachevés. Pour terminer, Philippe Aridée, le frère d'Alexandre le Grand, ainsi que Ptolémée Alexandre, viennent, sous prétexte de restauration, démolir, gratter, couper, encombrer les chefs-d'œuvres antiques et remplacer par leurs propres noms et qualités les cartouches des fondateurs.

Et c'est cet amas confus de monuments que les vandales de toutes les époques ont brisé, brûlé, renversé au point d'en rendre l'ordonnance presque inintelligible.

Les habitants actuels de Thèbes, avec leur imagination arabe, ont créé une foule de légendes sur chacune de ces ruines. Presque tous ces contes sont inspirés par la sensation que ces pauvres gens éprouvent en voyant exhumer de ces débris des objets d'art et des trésors. Leur pensée fantaisiste rêve de dragons gardant des lions d'or massif aux yeux de rubis ou des parures superbes qui appartiendront à celui qui saura trouver le « *sésame* » dont le pouvoir fait ouvrir les murs au bon endroit.

Ne peut-on pas dire que les Champollion et les Mariette, découvrant le sens des hiéroglyphes et s'aidant de cette science pour se guider dans leurs recherches archéologiques, sont les heureux possesseurs du « sésame » fantastique et tout-puissant ?

On raconte, parmi le peuple, qu'une pauvre femme fellah vit un jour la terre s'entr'ouvrir devant un des grands pylônes, et un esclave noir chargé de pièces d'or lui apparut. A sa vue elle tendit la main, selon l'usage égyptien, et l'esclave lui remit tant de pièces d'or que la pauvre femme ne sut plus où les mettre. Alors, pour en avoir encore davantage, elle court à la hâte cacher le trésor, qu'elle a déjà et revient au pylône chercher de nouvelles richesses. Mais l'esclave était parti. La femme retourna tristement à sa maison et voulut revoir le monceau d'or qu'elle avait abandonné, mais elle l'avait caché si précipitamment que malgré tous ses efforts elle ne put jamais se souvenir où elle l'avait mis.

N'est-ce pas là la légende de tout ce peuple

arabe qui mendie sans cesse ? On a beau lui donner, il a beau demander, il est toujours aussi
pauvre qu'avant.

Dans notre excursion, nous avons eu de petits
incidents de voyage. En allant, une vache de
buffle, voulant défendre son veau, entreprit d'atta-
quer notre petite caravane ; je m'apprêtais déjà
à faire le picadore sur mon âne et à utiliser autant que possible mes connaissances en tauro-
machie, mais j'en fus quitte pour la peur ; la vache était encore plus effrayée que moi et au premier coup de bâton elle se retira.

Au retour, mon âne, qui avait l'humeur ga-
lante, brayait des sérénades formidables à toutes
les ânesses qu'il rencontrait ; dans un accès de
gaîté il se mit à faire des cabrioles telles que
la selle tourna et qu'il m'étendit très-proprement sur le sable. Fier de son exploit, il devint
alors intraitable, et c'est à grand'peine que je
pus lutter jusqu'à Luxor contre ses fantaisies
d'entêté, ses façons joviales et sa selle mal assu-
jettie.

Dans le village je rencontre l'enterrement

d'un saint ou *hadji*, ainsi nommé parce qu'il a fait le voyage de la Mecque ou qu'il est cousin d'un descendant..... d'un parent..... éloigné de Mahomet.

Son corps, sans cercueil et recouvert seulement d'un drap, ballotte sur le brancard que les passants se disputent l'honneur de porter sur leurs épaules. La foule chante un psaume assez bien rhythmé et va d'un grand pas.

Dans la journée nous arrivons à Keneh, qui nous paraît plus animé que la première fois que nous l'avons visité. Les rues du village sont encombrées d'une population endimanchée. Des fous idiots, couverts de haillons, dans lesquels le vert (la couleur sainte) domine, crient par les chemins pour demander l'aumône; la plupart sont aveugles et l'on évite de les bousculer, car on les croit sacrés, et, hideux et dégoûtants comme ils sont, on les vénère. On voit circuler une masse de femmes aux yeux peints, aux vêtements de gaze rose, bleue et jaune ; leurs têtes sont ruisselantes de sequins ; elles vont d'un pas de reine et sont suivies de bachi-bozouks ivres de raky.

On parle, on crie, on se dispute, on se salue, on se bat, c'est une animation incroyable et l'on sent qu'il y a dans l'air une surexcitation particulière.

Parfois passe une patrouille de soldats égyptiens qui portent leurs fusils comme des chibouks et ont le plus souvent au milieu d'eux un homme enchaîné et les yeux pleurards ; c'est quelque bachi-bozouk ivrogne qui vient de recevoir la bastonnade et qu'on mène en prison.

Le soir nous avons le mot de l'énigme. On célèbre aujourd'hui la fête du cheïk du village. Chacun sait qu'un cheïk est le maire de l'endroit. A cette occasion il y a hors des murs, dans une plaine entourée de grands arbres, une sorte de foire que nous allons voir, montés sur d'adroits bourriquets qui, au clair de la lune, savent parfaitement éviter les mauvais chemins.

Le champ de foire se compose d'une quantité de tentes et de vastes cabanes en roseaux toutes illuminées de lanternes de verre ; si on ne coudoyait à chaque pas des costumes orientaux,

on se croirait à la foire de Saint-Cloud ; ce sont
les mêmes cris, les mêmes bruits de tambour,
les mêmes saltimbanques, les mêmes tourniquets
pour les enfants ; il y a comme en France ces
machines à avoir le mal de mer qui vous montent et descendent dans les airs en donnant le
vertige, à la grande joie de ceux qui payent
pour y être remués et malades.

Nous pensons que ce qu'il y a de mieux à
faire pour jouir de la fête, c'est de nous faire
présenter au cheïk, et nous demandons à le voir.
En conséquence, on nous mène à une mosquée
et l'on nous dit que le cheïk est dedans, mais
que nous ne pouvons pas entrer, parce que nous
ne sommes pas musulmans. Nous demandons
alors qu'on prévienne le magistrat de notre pré-
sence, espérant qu'il aura la politesse de s'occuper de nous ; on se met à rire : le cheïk est mort
depuis un siècle ; c'est son tombeau qu'on vénère
et en l'honneur duquel on fait la fête.

Comme dans la mosquée, on ne fait que prier,
nous nous résignons facilement à n'y pas pénétrer et nous nous mettons à parcourir les cabanes illuminées ; la plupart sont des estaminets
où l'on fume l'opium. Nous entrons dans l'un
d'eux pour nous faire servir du café à l'arabe.

Tout autour sont disposées des nattes sur lesquelles des fumeurs silencieux sont accroupis ; leurs babouches sont ôtées et soigneusement placées devant eux. Dans un coin il y a un concert en sourdine ; un poète déclame des mélopées ; il est accompagné d'une double flûte dont on joue comme de la flûte antique à deux pipeaux, une des branches tient la tonique ou pédale continue, l'autre, percée de trous, suit la mélodie décousue du chanteur ; la continuité de la tenue s'obtient en gonflant les joues pour former un réservoir d'air qui alimente le chalumeau pendant que le nez respire. Il y a encore un tambour de basque (reh) qui frétille par moments et un tarabouka qui marque la mesure. Je suis persuadé que j'ai eu là un échantillon complet de la musique des anciens et que les chanteurs que les Grecs et les Romains faisaient venir dans leurs festins se servaient des mêmes instruments et chantaient les mêmes mélopées.

Nous retournons à la mosquée, devant laquelle des derviches se sont installés ; ils sont sur deux rangs, assis par terre les jambes croisées, en face les uns des autres. L'un des rangs se balance régulièrement d'avant en arrière en chantant lentement en voix de basse des « la allah » rhythmés comme notre fameux air des *lampions*; pendant ce temps l'autre rang se dandine de gauche à droite en vocalisant d'une voix de fausset des versets bizarres.

Ce métier doit durer toute la nuit; peu à peu les derviches s'animeront, se lèveront, danseront, hurleront... et cela jusqu'à ce qu'ils tombent par terre harassés par la fatigue et étourdis par l'extase; alors le peuple admirera ces saints inspirés du prophète. C'est là ce qu'on appelle des derviches *hurleurs*.

Dans une sorte de marabout voisin de la mosquée, il y avait d'autres derviches plus nombreux et déjà plus en train; ils étaient debout, placés en rond; l'un d'eux chantait un hymne d'une voix nasillarde, un autre frappait, à intervalles égaux et écartés sur un tarabouka. A chaque coup les derviches s'inclinaient en avant, à droite ou à gauche, en faisant un petit soubresaut fort comique. Une seule lampe placée par terre au milieu du cercle faisait remuer sur les murs et contre le plafond des ombres fantastiques d'un effet saisissant.

Notre patience ne nous permet pas d'attendre la fin de cette scène prolongée et, rentrant dans le village, nous cherchons à voir quelques-unes

des danseuses venues pour la fête. A grand'peine
on trouve une maison ouverte à la porte de laquelle se tiennent quelques commères. On les
aborde.

— Il n'y a pas de danseuses, nous dit le
drogman.

— Alors, allons nous-en.

— On en trouvera.

Après de longs pourparlers on nous introduit
dans une ruelle sombre ; on nous fait entrer dans
une cahute enfumée où vacille la flamme d'une
veilleuse ; puis par une petite cour que la lune
éclaire arrive une femme bâillant et s'étirant
les bras. On vient de la réveiller ; ses yeux sont
bouffis, ses cheveux en désordre et ses vêtements
mal assujetis. Elle nous dit bonjour d'un air qui
veut être aimable, et comme nous ne paraissons
pas enthousiasmés par ce début, on la fait retirer pour en amener une autre plus laide, plus
vieille et plus endormie. Si bien que, voyant que
nous sommes arrivés là à une heure indue qui
dérange tout le monde, nous prenons congé de
ce lieu de délices en nous sauvant au plus vite du
côté de notre bateau.

27 décembre.

Nous descendons le fleuve par un vent du nord terrible qui soulève les eaux et nous retarde un peu. Les sables du rivage forment des nuages et des tourbillons; cela fait au soleil de singuliers effets.

Comme l'air est un peu froid, je me promène presque toute la journée de long en large sur le pont du bateau avec M. de M...; nous allons d'un grand pas pour nous réchauffer; ce qui cause la stupéfaction des gens de l'équipage qui ne comprennent pas que nous marchions si vite pour n'aboutir à rien et que nous nous donnions tant de mal sans y être forcés; ils préfèrent grelotter couchés dans les coins que de nous imiter. Au fond ils s'imaginent que nous accomplissons quelque pénitence religieuse et que nous sommes des derviches *marcheurs*.

Je n'ai pas encore pu m'expliquer pourquoi on a encombré le bateau de tout ce personnel de grands gaillards qui ne font que dormir, prier et

manger. Leur manière de se substanter est assez
sale ; ils trempent leurs mains dans des sauces
inimaginables et, les portant à leur bouche, ils
s'en fourrent jusqu'au coude ; à les voir se
traîner à terre et manger de la sorte on ne croirait pas que ce soient les mêmes hommes qui debout ont tant de dignité dans la démarche et savent si bien agencer les plis de leurs vêtements.
L'on peut bien dire des Orientaux qu'ils se drapent comme des rois, marchent comme des dieux,
mangent comme des singes et dorment comme
des chiens.

Nous arrivons le soir au joli village de Niheleh, dont nous visitons par un clair de lune superbe les maisons grandioses surmontées de pigeonniers osiriens et de palmiers élancés.

Une grande barque arrive dans la nuit, elle est
pleine à déborder d'une masse d'individus qui
viennent d'une foire des environs ; ils sont debout et serrés comme des asperges en botte. Le
bateau trop chargé ne peut aborder jusqu'au rivage, et tout ce monde, soulevant ses vêtements,
se jette jusqu'à mi-corps dans l'eau glacée par le
vent. C'est un tableau incroyable, on dirait une

meute qu'on déchaîne sur le bord d'un étang et qui le traverse à la hâte pour remonter sur le talus. Puis ces marchands, chargés de provisions, frémissant de froid, rentrent précipitamment chez eux.

Nous les suivons et nous nous égarons presque. Tous les chiens du village sont mis en émoi par le bruit retentissant que font nos bottes, dans le silence de la nuit, sur un sol qui n'est foulé que par des pieds nus ; ils se montrent en aboyant sur le bord des toits et sur le haut des murs, formant des deux côtés de la rue des corniches de gueules terrifiantes.

28 décembre.

Nous nous arrêtons dans la matinée à Siout pour prendre du charbon. Pendant ce temps nous visitons un délicieux jardin sur les bords du fleuve, puis, passant près d'un campement de militaires, nous nous promenons sur le port, où l'on charge de nombreux chameaux.

Comme aspect, le chameau est le type de l'homme satisfait et content de lui. Sa lèvre tombante a quelque chose de dédaigneux ; ses yeux allanguis rappellent ceux d'un bon gros papa qui se promène après avoir bien dîné ; sa tête relevée à l'air d'être maintenue dans la cravate d'un gandin des boulevards ; enfin sa démarche mesurée et tranquille dénote une certaine fierté et une conscience nette.

Comme caractère, c'est tout autre chose. Le chameau est toujours mécontent. On veut le faire aller à gauche, *il grogne* ; à droite, *il proteste* ; à chaque charge qu'on lui met sur le dos *il gémit* ;

quand on lui en ôte il se plaint encore ; il refuse constamment d'obéir et finit toujours par céder. Je ne sais, mais il me semble qu'il y a beaucoup de gens qui ont cet esprit rétif et faible.

Nous partons. Pour éviter une barque, le timonier nous jette perpendiculairement sur le rivage et l'avant du bateau va se ficher violemment dans la terre. Il faut dire qu'en voyant ce mouvement, le pilote avait crié à un homme du bord de dire à un autre homme qu'il prévienne le mécanicien pour que celui-ci donne l'ordre au chauffeur d'arrêter la machine. Mais, avant que la consigne ait passé par toutes ces bouches, le navire s'était heurté à la rive.

Heureusement nous n'avons pas eu affaire à des rochers et après quelques manœuvres nous pouvons nous dégager et reprendre notre route, en ayant soin, bien entendu, de crier beaucoup de malédictions aux bateliers de la barque qui nous avait barré le passage.

Le Nil est sillonné de nombreux bateaux à vapeur qui remorquent d'énormes chalands. Ceux qui montent le courant sont vides ou garnis de quelques soldats. Ceux qui le descendent sont combles de fellahs au manteau brun et au tarbouch blanc. Les bateaux qui montent vont chercher des hommes pour les corvées qu'on organise afin de créer le chemin de fer du Kaire à Cartoum ; les soldats qui s'y trouvent sont destinés à faire la chasse aux récalcitrants réfugiés dans les montagnes pour ne pas travailler sous le courbache du gouvernement. Les bateaux qui descendent ramènent, comme un bétail humain, les malheureux qui doivent travailler gratuitement aux entreprises du vice-roi.

La corvée a été abolie, il est vrai ; mais il paraît que ça n'a été que pour le canal de Suez, qui pourtant payait et nourrissait ses hommes. Nous avons sous les yeux la preuve qu'elle existe encore.

Du reste, il ne faut pas trop s'apitoyer sur le sort de ces paysans qu'on enlève à leurs travaux pour cause d'utilité publique ; c'est un impôt en nature dont nous avons l'analogue en France sous les noms de prestations et de conscription. Ce qu'il y a de choquant c'est la manière brutale dont il se prélève et dont on l'exploite.

Ainsi, les soldats arrivent à l'improviste dans

une province et demandent un homme sur quatre. Immédiatement ce personnel est entassé pêle-mêle dans des chalands ; puis, pendant deux mois il doit remuer de la terre, être mal nourri, car c'est lui qui doit se procurer ses aliments et par-dessus le marché, zébré de coups de bâton, car on ne connaît pas ici d'autre manière de donner un ordre que de frapper en le donnant ; n'oublions pas que le sceptre des anciens Pharaons était un fouet.

Pour moi, je crois que ce procédé est beaucoup plus coûteux au gouvernement que ne l'est à nous notre système de travailleurs salariés, et je suis sûr que, dans ses deux mois de servitude, un fellah ne fait pas l'ouvrage qu'un ouvrier européen ferait en huit jours.

A cela on me répond que cent vingt mille hommes de corvée remuent deux millions cinq cent mètres cubes de terre en vingt-cinq jours. — Je demande la note des frais ! Et, si un beau jour le fellah venait à s'exaspérer ? Ça s'est vu.

Décidément c'est la journée aux accidents. Voilà que notre bateau, mal dirigé, se met à raser la rive, à briser un de ses tambours et fracasser les palettes de ses roues. Au lieu de le remettre dans la bonne voie, tout le monde perd la tête; chacun crie, court, se remue et commande; on n'écoute plus ni le capitaine, qui prend une extinction de voix, ni le pilote, qui ne peut plus parler tant il a peur, car s'il nous arrive malheur il y va de sa tête; aussi c'est une confusion incroyable. La machine va toujours son train, continuant à faire frotter le navire et lui donner des soubresauts formidables. C'est bien la peine d'avoir quarante hommes à bord pour ne pas pouvoir être maître du bateau.

Au milieu de ce brouhaha, on voit trois ou quatre hommes impassibles qui s'inclinent du côté de l'Orient, se mettent à genoux, se relèvent et se prosternent; ils font leur prière de midi, et le vaisseau pourrait sombrer vingt fois qu'ils ne broncheraient pas.

On finit pourtant par faire comprendre au mécanicien qu'il doit arrêter sa machine et, un peu endommagés, nous reprenons notre chemin.

Le soir, en voulant stoper à Minieh pour passer la nuit, nous nous ensablons pour la troisième fois. Alors les mariniers, armés de longues perches, cherchent à nous dégager; ils chantent pour se donner de la force toutes sortes de « *Eleïson!* » ou de « *Ali Allah!* » Mais ils poussent mollement et nous ne bougeons pas. Il est vrai que le chef de l'équipage n'est pas là pour les commander ; il fait sa prière du soir et il faut attendre qu'il ait fini.

Je cherche à m'informer de la cause de toutes ces fausses manœuvres, mais personne ne me dit si c'est la faute du capitaine, du pilote ou du mécanicien ; je ne puis avoir d'autres explications que celle-là :

— Dieu l'a voulu !

Il me paraîtrait pourtant prudent de se renseigner exactement et de remédier à ce dangereuxinconvénient. Indépendamment de la crainte que nous pouvons avoir de nous briser contre un récif, ces arrêts successifs nous ont retardés d'une demi-journée.

Je finis par découvrir qu'un des matelots est fortement enrhumé ; pour se guérir il a imaginé de se couvrir la tête et surtout les oreilles d'une masse d'étoffes superposées, ce qui l'empêche complètement d'entendre ce qu'on dit autour de lui. Or, c'est cet homme ainsi affublé qui, depuis le matin, est chargé de transmettre au mécanicien les ordres du pilote !

Je fais part de ma découverte aux hommes qui

m'entourent, je leur fais constater que grâce à
sa coiffure ingénieuse le matelot en question est
tout à fait sourd. Ils sourient dédaigneusement
et ne paraissent point convaincus. Ils aiment
mieux croire que la main de Dieu s'apesantit
sur nous et que toute la journée nous avons été
l'objet d'une divine rancune.

Une autre comédie est celle des certificats.
Chacun veut, avant notre arrivée au Kaire, obtenir de nous des certificats de bonne conduite et
de capacité. J'aurais supposé que les gens que
le vice-roi emploie avaient tous des mérites re-
connus et incontestables; il paraît qu'il n'en est
pas ainsi, et c'est nous qui devons constater que
le pacha a eu raison de les prendre à son service.

Le drogman, qui ne nous a servi qu'à nous ennuyer et qui ne connaît pas seulement les pays
qu'il devait nous montrer, est venu le premier
réclamer son certificat. Nous l'avons envoyé promener.

Mais le capitaine lui-même et le docteur ont
réclamé de notre obligeance un *satisfecit* en
forme. Pour ce qui est du capitaine, je trouve le

moment drôlement choisi pour solliciter nos compliments, car nous sommes échoués sur le rivage et voilà trois heures qu'on travaille inutilement à nous dégager. Quant au docteur, comme nous n'avons pas eu besoin de son ministère, je ne vois pas trop ce que nous pouvons certifier à son endroit. Aussi, pour plaisanter, je lui rédige la pièce suivante :

« Nous, soussignés, passagers du *Ferus*, déclarons que pendant tout notre voyage dans la Haute-Egypte le docteur Osman Ibrahim s'est fort bien porté, que son appétit et sa gaîté se sont maintenus durant toute la traversée et que, grâce à ses soins constants, nous sommes revenus au Kaire fortement enrhumés du cerveau et dévorés par les moustiques. »

Le docteur accepte de grand cœur la plaisanterie, en rit comme un fou, mais demande quelque chose de plus sérieux.

Alors dans un nouveau certificat je déclare qu'il a été pour nous d'une grande complaisance, d'une parfaite aménité et qu'il nous a consciencieusement accompagnés dans toutes nos excursions. Mais il paraît que l'emphase arabe demande des termes encore plus élogieux, et il se retire presque choqué.

29 décembre.

Nous continuons à descendre le Nil. Nous retrouvons le paysage plat de la Basse-Egypte, les villages sans caractère et qui s'élèvent à peine au-dessus du sol, les palmiers dégarnis de leurs branches inférieures, ce qui leur donne l'aspect peu séduisant d'immenses balais, et enfin le ciel gris et le vent froid. Où sont les rochers pittoresques, les pigeonniers majestueux, la verdure luxuriante et le ciel serein de l'Ethiopie ?

Nous arrivons à huit heures du soir au Kaire par une pluie battante.

Je me demande quel temps il doit faire en France; il neige, sans doute, c'est une consolation pour nous qui en sommes quittes pour une ondée.

Il faut trouver des voitures, transborder les bagages. Le drogman se multiplie; il n'a pas pu obtenir son certificat; il va tant faire que, malgré la manière dont il nous a volés tout le long du voyage, nous finirons par lui donner un bakchich. Vraiment ces gens déploient, pour vous exploiter, une intelligence qui mérite une récompense.

30 décembre.

Deux choses importantes nous ont fait défaut pendant notre voyage dans la Haute-Egypte : les crocodiles et les almées.

Les crocodiles, effrayés par le bruit de notre bateau à vapeur, n'ont pas jugé à propos de se montrer sur notre passage.

Quant aux almées, qui, au dire des voyageurs, sont si remarquables dans l'Egypte supérieure, la rapidité du voyage et de mauvais renseignements ne nous ont pas permis de constater si leur réputation est méritée.

A Girgeh, on nous a dit qu'il fallait les voir à Esneh. A Esneh, nous ne sommes restés que deux heures et nous avons espéré contempler leurs danses délirantes à Keneh. A Keneh, nous avons seulement eu le temps de prendre du charbon et quelques poteries ; mais comme nous devions séjourner trois jours à Luxor, nous avions toujours l'espoir d'admirer ces fameuses danseuses. A Luxor, nous avons appris qu'il n'y en avait pas, mais qu'à Assouan nous en trouverions. A As-

souan, on nous a dit qu'il n'en venait jamais et
que c'était à Luxor qu'il fallait les voir. Enfin,
au retour, nous n'en avons rencontré qu'à Keneh
pour la fête du cheïk, et l'on sait avec quel empressement nous avons évité de leur voir exécuter leurs fandangos égyptiens.

Est-ce que les almées et les crocodiles seraient
passés à l'état de légendes?

De retour au Kaire, je raconte mes déceptions
et l'on m'apprend qu'il y a dans cette ville un
quartier qui s'appelle *le crocodile* et où l'on
trouve des danseuses en quantité. O bonheur!
D'un seul coup peut-être je vais rencontrer le
reptile desiré et l'almée tant rêvée!...

Avec Georges D..., je me suis aujourd'hui en-
foncé dans ce quartier interlope. Nous n'avons
pas vu de crocodiles, mais nous avons découvert
une foule de femmes qui pour la laideur les va-
laient bien. Ces femmes sont peintes de toutes
sortes de couleurs, elles se teignent les mains en
rouge avec du hené, les yeux en noir avec du bis-
muth, le nez en blanc avec de la céruse; et sur
le front, les joues et le menton, elles dessinent
à l'indigo les figures les plus fantaisistes.

Elles vous reçoivent dans de grandes chambres fort sales, meublées avec des matelas éten-

dus par terre en guise de divans ; il règne dans ces appartements des odeurs impossibles.

On ne saurait dire du mal de ces malheureuses, elles sont vraiment très-complaisantes pour les étrangers et aussi pour les indigènes, mais leur science ne va pas jusqu'à exécuter la moindre danse. Aussi nous nous sauvons comme des voleurs ou plutôt comme des volés.

31 décembre.

Je passe la matinée avec mes compagnons de voyage dans le haut Nil.

Le soir, je me promène dans les allées de Choubrah à la recherche de Ahmed-Emine-Bey, qui y demeure. Les Arabes auxquels je m'adresse pour trouver sa maison, ne comprennent pas ce que je leur demande. Alors je m'impatiente, je crie très-fort comme s'ils étaient sourds; cela leur fait peur et ils se sauvent pensant que je leur dis que je suis moi-même Ahmed-Emine-Bey et qu'ils n'ont qu'à bien se tenir.

Après avoir parcouru inutilement toute l'avenue, j'aperçois mon jeune bey monté sur un superbe âne blanc. Le voilà déjà loin et je n'ai pu l'aborder. Faut-il le héler? Ce ne serait pas poli.

Je le suis à grands pas, pensant le voir entrer chez lui et connaître ainsi sa demeure; mais son âne trotte vite et il se perd bientôt dans la

foule des équipages et des cavaliers. Car Choubrah est le Longchamp du Kaire, et, aujourd'hui,
je ne sais pourquoi, l'avenue a un air de fête ; il
y a beaucoup de marchands ambulants, de piétons, de Turcs et de dames montés sur des ânes ;
beaucoup de chameaux chargés d'oranges ; de
saïs aux jambes nerveuses, aux manches blanches et dont les cris font écarter la foule devant
la voiture ou le cavalier qu'ils précèdent.

Cette nuit, le clair de lune est splendide. Je me
promène assez tard dans les quartiers qui avoisinent l'Esbequieh, admirant les effets de la lumière se jouant dans les contours pittoresques de
l'architecture arabe.

1ᵘ janvier 1866.

Pour les Européens, c'est aujourd'hui le premier jour de l'an, mais les Orientaux commencent leur année après nous; ceci explique très-bien pourquoi ils sont toujours en retard et pourquoi nous les précédons dans la voie du progrès.

Pourtant le Kaire a ce matin une physionomie qui ne lui est pas habituelle. Les employés des consulats, en grande tenue officielle, vont faire leurs visites à leurs supérieurs, et cela suffit pour jeter dans la ville un certain mouvement d'équipages et d'uniformes.

En Orient, les consulats européens sont très-importants et fort nombreux. Voilà longtemps que les puissances chrétiennes ont pris l'habitude de faire les affaires des Turcs, ou plutôt de faire leurs propres affaires en manipulant l'Empire ottoman, et cela nécessite un grand personnel diplomatique, qui, aujourd'hui, se remue beaucoup.

Dans l'après-midi, nous allons avec Georges

nous promener du côté du vieux Kaire à travers les plantations d'Ibrahim. Ce que nous voyons, nous l'avons déjà vu cent fois et, pour le décrire, il faudrait plutôt la palette de mon compagnon que ma pauvre plume de fer. Aussi Georges s'arrête souvent pour faire des croquis. A chaque station, les passants s'attroupent autour de l'artiste et, voyant son crayon se promener sans but apparent sur du papier gris, ils trouvent cela très-drôle et pouffent de rire. Puis le dessin prend une forme, les ombres s'accusent ils reconnaissent un arbre, une maison; alors ils encouragent le dessinateur : « Tayeb ketir ! » disent-ils, « très-bien ! » Quelquefois ils se retrouvent eux-mêmes dans l'esquissé, alors leur joie est grande, mais, pour la peine, ils demandent un bakchiċh. Au fond, ils ne sont pas très-flattés de se voir reproduits: le prophète a dit: « Tu ne feras pas d'images » et cela les gêne; et puis qui sait si le peintre en possession de leur portrait ne pourra pas faire sur lui quelque sortilége ou maléfice qui leur portera malheur ? Et cette idée les effraie; aussi, quand ils se sentent copiés, ils s'en vont pour plus de sûreté, à moins, je le répète, que l'appât du bakchich ne les retienne.

Nous nous arrêtons pour dessiner un café arabe, qui est isolé au milieu des champs sur le bord de la route. A côté, se trouve une petite fontaine publique composée de deux grandes jarres encastrées dans la maçonnerie et abritées par deux petits dômes élégants. On voit fréquemment en Orient ces sortes de fontaines ; elles sont des fondations pieuses et ont plus ou moins de splendeur, selon la fortune ou le zèle religieux des donataires. Ordinairement elles sont alimentées par les personnes passibles de quelque punition ; au lieu de les condamner à payer une amende, on les force à remplir les fontaines publiques. Ceci a pour effet que, quand le peuple manque d'eau, il ne se fait aucun scrupule de dénoncer les délinquants de sa connaissance afin de se faire abreuver à leurs dépens, et la justice ainsi suit son cours sans grand appareil de juges d'instruction et de greffiers.

La nuit arrive que nous sommes encore hors des portes de la ville ; nous avons par conséquent, pour rentrer chez nous, à traverser, au milieu de l'obscurité, le Kaire dans toute sa longueur.

C'est l'heure où tout le monde va aux mosquées ou en revient, et les rues sont fort animées. Les lueurs du crépuscule, se combinant avec la

clarté de la lune qui se lève, jettent sur le haut
des maisons et sur les minarets, qu'on rencontre
à chaque pas, des éclats fantastiques, pendant
que la partie inférieure des habitations se trouve
dans un clair-obscur à la fois sombre et trans-
parent qui permet de deviner les objets sans
qu'on soit certain de les voir.

Les villes du Levant, dont l'architecture est
si anguleuse, présentent à ces heures-là des aspects étonnants ; tout ce peuple qu'on coudoie
paraît marcher sans bruit comme dans un songe ;
les boutiques et les mosquées allument leurs rares veilleuses, qui forment comme des constella-
tions vacillantes au milieu des perspectives noires. Puis, tout d'un coup, on entre dans le bruit
et la lumière ; c'est quelque fantasia en l'honneur de je ne sais quoi ; des lanternes brillantes
sont suspendues au milieu de la rue ; la foule est
serrée et tapageuse ; des instruments retentissent ; tout éclate et flamboie.

Malheureusement nous sommes en retard.
Nous pressons le pas. Les rues sont déjà désertes et nous cheminons dans l'obscurité et le silence jusqu'à ce que nous arrivions au Mousky,
où les boutiques européennes font resplendir
leurs éclairages au pétrole.

2 janvier.

Sur le point de reprendre le chemin de la
France, je crois de mon devoir de touriste d'emporter des souvenirs de l'Egypte et de faire des
emplettes qui puissent me rappeler plus tard et
mon voyage et les industries spéciales au pays.

Ainsi, j'achète de ces *coufieh* en soie dont les
couleurs éclatantes et la solidité à toute épreuve
ne se rencontrent que dans les étoffes syriennes ;
je fais une provision de tarbouchs écarlates, coiffure obligée des Orientaux, et dont le drap fin et
épais garantit admirablement des coups de soleil;
je me munis aussi de magnifiques échantillons
de la cuivrerie du Kaire, de ces services à café
finement ciselés, de ces élégantes aiguières aux
formes caractéristiques ; enfin je n'ai garde d'oublier les chapelets en émail lumineux blanc ou
orange, matière précieuse dont les Levantins,
m'assure-t-on, ont seuls le secret; j'ajoute à
cela quelques étoffes à grands ramages et je rentre chez moi.

En examinant mes achats avec attention, je

suis assez étonné de trouver sur mes objets de cuivre une estampille de fabrique où je lis le nom de Trieste ; sur les tarbouchs je vois une adresse de marchand imprimée à Vienne (Autriche.) Est-ce qu'on m'aurait trompé? Je continue mon inspection et, à mon grand désappointement, je constate que mes coufiehs viennent de Nîmes, mes chapelets de Paris et mon étoffe à ramages de Lyon !

Furieux de cette mystification, je raconte le soir, à table d'hôte, ma mésaventure, et j'apprends qu'à part les babouchs, les selles d'âne et les petites tables en marqueterie grossière, tous les objets dont on se sert en Egypte viennent d'Europe.

Je vais passer la soirée chez un ami qui demeure dans un hôtel voisin de l'Esbequieh. Je le trouve dans un état impossible à décrire; je le crois fou d'abord : tous ses meubles sont sens dessus dessous, il rit à se tordre, et il y a parmi les gens de la maison une agitation inquiète qui n'est pas rassurante. Entre deux crises de fou rire, il m'apprend que son hôtelier a pris du hatchich, ce qui lui a fait perdre la tête, que les

domestiques en ont fait autant, ce qui les a complètement abrutis, et que la femme de charge,
l'âme de la maison, qui est trop bien élevée pour
se livrer à ces excès..., s'est grisée avec de l'eau-
de-vie. De là un dévergondage sans pareil: tous
ces gens font, avec un sérieux parfait, les plus
grandes folies du monde; on sait que le hatchich
vous met dans l'état d'exaspération, de chagrin
ou de béatitude que vous auriez si vous deveniez
fou; qu'on juge de l'effet que cela doit produire
lorsque toute une maison est dans cet état-là.

3 janvier.

Je vais avec Georges visiter les principales mosquées de la ville. Il y en a de fort belles, mais les plus anciennes sont tout à fait abandonnées. Chaque personnage important laisse d'ordinaire en mourant l'argent nécessaire pour construire une mosquée dans laquelle son tombeau sera placé; on voit que l'idée dominante des Pharaons est encore en grande faveur. Mais qu'arrive-t-il? C'est que le nombre des édifices religieux devient tellement considérable que l'on ne peut célébrer le culte dans tous, et qu'il y a plus de trois cents mosquées qui sont désertes. On va de préférence aux plus modernes; une des plus fréquentées est celle d'une danseuse morte il y a peu de temps.

La plus remarquable, à mon avis, est celle du sultan Hassan. L'architecture en est magistrale, simple, grandiose et bien ordonnée. Quoique très-ancienne, elle est encore très-vénérée. Elle aurait besoin de grandes réparations, mais ici on ne se préoccupe pas de ces détails. Je trouve dans le sanctuaire une société de Hadjis qui causent et rient à haute voix sans s'inquiéter de troubler les autres fidèles qui prient; les dévots de tous les pays sont bien les mêmes; il semble que la fréquentation assidue du lieu saint les en rende propriétaires uniques et que, vu leur sanctification constante, ils peuvent s'y permettre bien des choses qu'ils ne toléreraient pas aux autres croyants.

Il va sans dire que, pour que nous puissions visiter ces endroits réservés aux Musulmans, nous sommes obligés de nous entourer les pieds d'immenses chaussons en feuilles de palmier, ce qui nous fait marcher comme des canards. Nous avons le droit, il est vrai, de garder nos coiffures.

J'essaie encore une fois de découvrir, à Choubrah, la demeure d'Ahmed-Emine-Bey, et j'y réussis.

Le jeune bey me reçoit très-gracieusement, et au moment où nous commençons la conversation, un petit nègre vient le prévenir que son père, Mohamed-Bey, le secrétaire du vice-roi, va rentrer. Aussitôt nous nous rendons avec tous les gens de l'habitation dans le grand vestibule d'honneur et, nous mettant sur deux rangs, nous recevons ainsi le chef de la famille.

Mohamed-Bey passe au milieu de nous en nous saluant de la main et du sourire et se rend directement dans le grand salon de réception dont on a ouvert les portes à deux battants. C'est là seulement que son fils me présente à lui. J'ai trouvé ce cérémonial fort intéresssant ; c'est un reste des mœurs patriarcales qu'il est bon de voir se conserver.

Tous les bébés de la famille, et ils sont nombreux quand on a plusieurs épouses, sont amenés à Mohamed-Bey, qui les embrasse. Ce sont des femmes de chambre françaises qui les portent, et ceux qui peuvent parler s'expriment en français.

Je trouve une grande ressemblance entre l'ameublement du salon et certains mobiliers que je connais à Lyon ; j'apprends que tous sont du même tapissier. Décidément les produits français envahissent l'Orient.

Au moment où je veux prendre congé, on paraît très-scandalisé. Puisque je suis venu après midi, me dit-on, je dois rester à dîner. Je ne crois pas, pour une première visite, devoir pousser l'indiscrétion aussi loin et je me retire en faisant, comme mes hôtes , force salutations à la turque, la main au front et à la bouche. Mais j'ai su plus tard que j'avais fait une grave impolitesse en ne dînant pas.

4 janvier.

Le Kaire se donne le genre d'avoir des courses
de chevaux comme Paris et Londres. Malheureusement il n'est pas facile de trouver un champ
de course commode ; partout où vient l'eau du
Nil, on a des terrains gras qu'il faut cultiver, et
là où elle ne vient pas, on a le sable. C'est donc
en plein désert que se font les courses.

Rien n'est curieux comme de voir les équipages et les cavaliers enfonçant dans le sable
mouvant pour se rendre aux courses. Aucun
chemin n'est tracé et l'on va au petit bonheur ;
les uns arrivent, d'autres restent en route, laissant leurs voitures ensablées jusqu'au moyeu.
Le lendemain encore on voit le désert parsemé
d'équipages en détresse.

Le terrain de la piste est dans des conditions
analogues ; à chaque temps de [galop le cheval
donne une secousse pour dégager ses pieds , il
n'avance que lentement et a un air embourbé
qui est pénible à voir. Et pourtant tel est l'at-

trait de ce spectacle, que l'on trouve des personnes qui non seulement font courir leurs chevaux dans ces fondrières, mais courent eux-mêmes en *gentlemen riders*.

Grâce à la vigueur de l'attelage de M. V..., j'arrive sans encombre jusqu'aux tribunes qu'on a élevées pour les spectateurs. J'y trouve tout le Kaire européen et particulièrement Léon Bertrand, l'heureux fondateur du *derby*; il se multiplie et paraît dans toute sa gloire.

On avait établi un buffet pour les invités ; de nombreux cavas avaient été postés à l'entour pour le protéger contre les affamés de la populace. Mais ces braves gardiens voyant avec quelle voracité les invités eux-mêmes se précipitaient sur les vivres, eurent honte de laisser ainsi gaspiller de si bonnes choses et mirent dans leurs poches le plus qu'ils purent ; j'en ai vu qui emportaient des marmelades dans leurs turbans. On a pu sauver l'argenterie, je tiens à le constater ; mais la vaisselle a bien eu à souffrir.

Les jockeys sont pour la plupart de jeunes indigènes qui se font les uns aux autres des farces indignes. Une des plus en usage est de dessangler les selles au moment de partir. J'ai vu malgré cela un petit nègre dont la selle avait tourné sous le ventre de son cheval et qui est arrivé second, à poil.

La séance s'est terminée par une course furibonde de trente chevaux arabes ; c'était un tonnerre de piétinements et un tel nuage de poussière, que longtemps après on voyait sur la piste un brouillard de sable.

Je trouve au Kaire Georges dans la jubilation. Il a fait la découverte d'un protecteur qui lui cirera ses bottes, d'un ami dévoué qui ne lui demande que un franc par jour pour l'accompagner partout, qui portera son chevalet, ses crayons, sera son interprète, car Mohamed parle français très-bien ; il s'appelle Mohamed, ne pas oublier ce détail ; il a fait le voyage de la Mecque et la campagne d'Algérie ; il a daigné honorer Georges de sa protection ; ce n'est pas un serviteur, c'est un père !

Je crois d'abord, à cette description, que Georges a pris du hatchich ; mais du tout, il est dans son bon sens et tout ce qu'il dit est exact. D'ailleurs, pas plus tard que demain je verrai Mohaméd ! Pourrai-je attendre jusque-là !...

5 janvier.

Le matin Georges entre dans ma chambre comme un ouragan.

— Dépêchez-vous, me dit-il, Mohamed est en bas qui attend. Nous allons ensemble à Boulak.

Je m'empresse de descendre au plus vite, car je comprends qu'il serait malséant de faire attendre Mohamed.

Enfin Mohamed m'apparaît ! C'est un bédouin assez sale qui doit avoir une quarantaine d'années : son type est fin, doux et féroce ; son costume se compose de haillons parfaitement drapés, et en somme je comprends que son aspect caractéristique ait séduit Georges, à l'affût de sujets à copier.

Nous nous dirigeons du côté de Boulak, où Georges fera des croquis pendant que j'irai voir le musée. Je remarque que Mohamed ne porte qu'une canne pendant que mon ami est chargé de cartables, de boîtes, de crayons et d'albums. On voit que ce dernier est préoccupé de créer à son Arabe des jours filés d'or et de soie; il ne le

quitte pas des yeux, il l'admire, il lui demande
s'il est content, s'il s'amuse, s'il n'est pas fati-
gué ; il lui offre des cigarettes. Je commence à
mon tour à m'apitoyer sur le sort de cet intéressant bédouin ; je lui offre, pour le soulager,
de porter sa canne, et il veut bien accepter mes
services. Toutes ces attentions ne l'étonnent
pas ; ce sont, pense-t-il, des fantaisies de Dieu
qui a entrepris de faire son bonheur par notre
entremise ; nous lui donnerions des coups de
courbache qu'il ne serait pas étonné davantage,
il les accepterait comme le résultat d'une volonté supérieure, d'une lubie divine. La Provi-
dence a des vues cachées et parfois Dieu paraît
fantasque ; j'ai toujours remarqué que les choses extraordinaires n'émeuvent que médiocrement les Orientaux ; ils y voient tout de suite
le doigt d'Allah et de cette façon ils expliquent,
comprennent, et ça leur suffit.

Je laisse Georges en extase devant Mohamed
et un groupe d'ânes qui se roulent au soleil, et
je me rends au musée.

Je trouve le musée fermé ; c'est vendredi, le
dimanche des musulmans. J'aurais dû m'en douter, car la grande avenue de Boulak n'avait pas
l'animation habituelle, et sur les portes des mai-

sons, dans les cafés, à l'ombre des arbres, je
n'ai vu que des hommes accroupis qui récitaient
leurs chapelets ou chantaient des psaumes en
balançant le haut du corps. Les enfants seuls
ne prient pas.

Il y a ici une énorme différence entre l'enfant
et l'homme, comme caractère, habitudes et intelligence. C'est l'enfant qui travaille dans les
ateliers, qui règle les comptes, qui reçoit les
clients, fait le commerce. Un enfant arabe a des
capacités incroyables. L'homme, au contraire,
a un air abruti qui frappe quand on le compare
à l'aspect vif et éveillé de l'enfant.

J'avais supposé d'abord que les jeunes Arabes
étaient comme les petits chats, qui sont agiles et
gracieux jusqu'au moment où ils deviennent des
matous ; mais il m'a fallu pourtant chercher une
autre explication dans ce changement d'être
chez les Orientaux, et je l'ai trouvé dans les
pratiques nombreuses et compliquées auxquelles
sont astreints les mahométans. Dès qu'un Arabe
commence à prier, l'abrutissement s'empare de
lui peu à peu ; sa pensée habituée à une idée fixe
devient paresseuse, il oublie ; ses lèvres accou-
tumées à marmoter des versets du Coran ne savent plus formuler les phrases nécessaires à la

conversation, il bredouille. Et quand il a fait le voyage de la Mecque deux ou trois fois, il est complètement idiot. C'est un fait qu'on peut constater à chaque instant.

Ces gens si religieux, si *pratiquants*, sont-ils meilleurs que les autres, sont-ils moins voleurs, plus chastes, moins cruels, plus dévoués pour autrui ? Hélas ! non. Au contraire, ils agissent avec Dieu comme avec un monarque corrompu ; ils le flattent, lui donnent des bakchichs, font des pénitences en son honneur, pensant avoir ainsi un compte ouvert avec la Divinité et pouvoir se permettre bien des choses qui passeront par profits et pertes à la colonne des indulgences. Ils emploient leur vie à parler avec Allah et se croient dans son intimité ; quelquefois, comme des favoris, ils intercèdent pour d'autres qui ne sont pas si bien en cour, et se piquent de leur faire obtenir les faveurs divines.

Mahomet, le grand prophète, en établissant sa religion si bien réglementée, avait eu un double but moral et hygiénique : il y a dans le Coran autant de prescriptions salutaires à la santé que de recommandations utiles à la bonne conduite, et certainement le pieux législateur n'avait pas prévu qu'on pourrait exécuter ses prescriptions à la lettre tout en se perdant l'âme et le corps,

Un côté triste de cette religion, c'est qu'elle soit intolérante. C'est surtout au retour des pélerins de la Mecque que la surexcitation fanatique se fait jour, et tant que cet empoisonnement périodique des esprits aura lieu, la civilisation européenne devra renoncer à rien établir de durable chez les races orientales.

Heureux donc les gamins de l'Egypte qui n'ont pas encore ces préoccupations irritantes et qui, malgré les conseils de leurs parents, vivent sagement par le seul secours de leur bon sens naturel et de leur intelligence !

Après déjeuné, je vais avec M.., le peintre, dans une maison arabe où il doit faire poser des musiciens indigènes dont il a besoin pour un de ses tableaux. La maison où nous allons appartient à un ancien drogman ; elle est très-proprement tenue et paraît fort bien agencée. Les musiciens ne sont qu'au nombre de deux ; l'un joue d'un hautbois criard et assourdissant, l'autre frappe un tambourin allongé. Le premier est borgne comme la plupart des Egyptiens qui ne

sont pas aveugles ; le second est un beau garçon de treize ans qui s'est couvert la tête d'un
turban immense.

Après cette séance, nous allons voir les derviches tourneurs, c'est leur jour de représentation ; on ne peut pas trop appeler autrement
leurs cérémonies religieuses.

La pluie se met à tomber et nous sommes loin
du couvent des derviches ; aussi nous prenons
des ânes qui partent au galop à travers les rues
étroites et peuplées. Comment se fait-il que nous
n'écrasions personne ? Je sais bien que de temps
à autre nos pieds accrochent les voiles des femmes et renversent le devant des boutiques ; mais
on ne s'arrête pas pour si peu.

Il faut dire que dans notre course effrénée
nous crions comme des brûlés pour faire écarter
la foule, interpellant chacun spécialement ; c'est
un métier assez fatigant, mais quand il ne dure
pas trop longtemps, cela amuse. Il faut crier
aux garçons *Ia ouled!* pour qu'ils se garent ; aux
femmes, *Ia bent!* aux européens, *warda, si-
gnor!* etc. Et si l'on se trompe, si l'on dit, par
exemple *Ia ouled !* à une femme, elle se fera
bousculer plutôt que de se déranger.

Enfin nous arrivons au couvent ; car les derviches tourneurs sont des moines voués au célibat ; pour des musulmans c'est un peu fort ! Aussi ils ont soin, comme les anciens templiers, d'avoir des moines très-jeunes.

La mosquée des derviches est construite comme une salle de théâtre, avec deux rangs de galeries. Le public se compose surtout d'étrangers que la curiosité attire ; on paie en entrant ; cette recette est l'unique revenu du couvent.

Les derviches ont pour costume un tarbouch brun en forme de gobelet et une robe à longue jupe traînante ; lorsqu'ils tournent, la robe s'élève et forme une sorte de champignon ondulé ; les couleurs en sont variées.

Ils commencent le spectacle, ou du moins la cérémonie par des psaumes récités ; pendant ce temp s, tous sont accroupis par terre ; leur chef, qui a une figure belle et vénérable, jette de temps en temps sur les galeries un regard scrutateur pour voir si la clientèle est nombreuse et si la salle se garnit. Puis un orchestre composé d'un excellent basson, d'un hautbois et de tambourins, se met à jouer des airs de valse, et après plusieurs promenades en rond, plusieurs salutations et baisements de mains, le ballet, je veux dire la prière commence.

Chacun se met à tourner sur lui-même, non pas très-vite comme on pourrait le croire, mais pourtant assez pour que leurs longues jupes se soulèvent et fassent le parapluie, De temps en temps, sous prétexte de faire des génuflexions, ils se reposent, puis, après avoir repris haleine, ils recommencent. Cela dure une heure ; et, en somme, ils se fatiguent moins qu'un jeune danseur qui dans un bal de société ne manquerait pas une valse. Pendant qu'ils tournent, ils ont les bras étendus, la tête penchée et les yeux élevés vers le ciel avec une expression extatique.

La danse ou les vêpres terminées, le public se retire et les moines rentrent au couvent en bon ordre, les mains croisées sur la poitrine et les yeux baissés. Nous restâmes des derniers, et un jeune novice croyant tout le monde parti, se mit à faire une cabriole comme un écolier qui sort de classe. Un vieux barbon le réprimanda, car nous étions encore là; le garçon riposta; le vieillard se fâcha et l'enfant à bout de patience quitta sa babouche et menaça l'autre de l'en frapper sur la figure, ce qui est l'injure la plus grave que l'on puisse faire à un musulman. Alors le vieux fit au gamin un singulier reproche qui fit rougir le jeune moine et aurait

plutôt dû faire honte à son collègue. On inter-
vint et la dispute se termina là pour le moment.

Puis à travers les rues pittoresques du Kaire
nous retournons à l'hôtel.

6 janvier.

Cette fois-ci le musée est ouvert.

J'examine surtout les objets, pour la plupart trouvés dans les tombeaux et qui pourtant sont des ustensiles dont l'usage était journalier chez les anciens Egyptiens.

On avait en effet la coutume de mettre à côté du défunt les outils qui lui avaient servi durant sa vie, ou les parures, les ameublements qu'il affectionnait.

Ceci explique pourquoi l'on a trouvé les modèles gradués dont les sculpteurs se servaient pour former leurs élèves, ainsi que les palettes et les boîtes de couleurs des peintres ; pourquoi l'on a exhumé des poids, des coudées d'architectes, des meubles, des paniers, même des provisions de bouche. Dans un seul sarcophage, celui de la reine Aah-Hotep, on avait rassemblé assez de bijoux pour que leur développement sous des vitrines remplisse une salle entière du musée, et chacun de ces bijoux est un chef-d'œuvre d'invention, de bon goût et d'adresse.

Il est à remarquer que les objets d'art des dynasties les plus anciennes ont quelque chose à la fois de plus parfait et de plus primesautier que ceux des époques postérieures. Sous la IVme dynastie, par exemple, les portraits sont vraiment des portraits; on a cherché la ressemblance et l'on devine qu'on est arrivé à la rendre parfaite; les muscles sont étudiés sur nature et sont très-réussis, le modelé est soigné, l'expression excellente. Puis on sent que l'art se réglemente, les méthodes créent les procédés, on prend un système pour faire les genoux, un autre pour dessiner les pieds; les types des physionomies deviennent consacrés, officiels, le sentiment est nul. A part une sorte de renaissance qui a lieu sous la XVIIIme dynastie, on peut dire que le sentiment artistique va en s'amoindrissant pendant six mille ans et que l'inspiration est étouffée par la formule.

Un des monuments les plus beaux et les plus curieux du musée de Boulak est la statue de Chephren, le constructeur de la deuxième Pyramide. On a assez longtemps certifié que les architectes de ces vastes mausolées auraient été incapables de faire aucune autre sorte de monument et l'on a assez longtemps assuré que les

Pharaons qui y ont été déposés ne connaissaient
pas l'écriture, pour qu'il soit intéressant de voir
la statue de l'un d'eux, admirablement sculptée
en diorite dure et portant profondément gravé
sur le socle le nom de Chephren.

En parcourant les salles, je m'arrête devant
une autre statue de la même dynastie ; elle est
en calcaire colorié, et ce que j'admire, ce n'est
pas seulement la beauté des formes, la noblesse
de la pose, l'étonnante conservation des couleurs, c'est la physionomie qui me frappe ; cette
tête me fait souvenir de quelqu'un, à s'y mépren-
dre, c'est un vrai trompe-l'œil ; cette personne,
dont j'ai l'image sous les yeux, je l'ai vue, je la
connais et je ne puis pourtant me rappeler qui
cela peut être. En réfléchissant, je trouve que
cet homme contemporain de la IVme dynastie
ressemble au petit joueur de tambour qui posait
hier devant M...!

Et ce n'est pas la seule ressemblance que je
trouve entre les habitants du Kaire et les portraits des personnages de Memphis ; le type s'est
conservé d'une manière incroyable.

Il en est de même des ustensiles qu'on voit
dans les vitrines et qui sont identiques avec
ceux dont les Egyptiens modernes se servent

tous les jours. Ah ! ce n'est pas pour rien que le dieu Phtah, le plus ancien du pays, était représenté par un *nilomètre*, symbole de stabilité.

En me promenant dans les rues désertes, après le coucher du soleil, je vois devant une maison un homme qui bat sa femme ; la malheureuse est à genoux devant son mari, et chaque coup qu'elle reçoit la renverse et lui fait violemment frapper le sol avec sa tête. L'homme, étouffé par la colère, vocifère de rares monosyllabes ; la femme ne dit mot, mais gémit sourdement à chaque correction. Les coups sont si vigoureux et si bien appliqués, qu'ils font résonner toute la ruelle vide ; et je suis déjà loin que je les entends encore. Puis subitement je m'aperçois que j'ai passé devant cette scène sans y faire attention, que cela m'a paru tout naturel de voir cet homme assommer cette femme à coups de poings que décidément je n'ai plus aucun sentiment du bien et du mal, et qu'en vrai musulman je reste indifférent à tout ce qui m'entoure.

Le remords me saisit, je reviens sur mes pas, mais je ne retrouve plus personne. Comment a fini cet épisode? je l'ignore. Mais je vois qu'il est grand temps que je quitte ce pays, où tout est permis pourvu qu'on soit le plus fort, le plus riche ou le plus puissant.

A ce sujet, on me raconte qu'un Français, très-bien élevé du reste, ayant séjourné long-temps en Egypte, imagina, à son retour à Marseille, de battre à coups de canne l'employé de la gare qui l'engageait à monter en voiture. On eut beaucoup de peine à lui faire comprendre qu'il n'était pas d'usage en France d'en agir ainsi. Il avait complétement oublié ces détails de la vie européenne.

7 janvier.

Je vais prendre Georges, avec lequel je dois aller visiter les tombeaux des kalifes. Je le surprends en train de faire le portrait de Mohamed. Ce dernier est tout habillé de neuf; il a surtout une grande melayeh blanche qui forme autour de son corps des plis aussi beaux qu'incommodes. Ce vêtement ingénieux, dû à la munificence de son nouveau maître (car il est décidément au service de Georges), l'a rendu joyeux et communicatif; aussi il comble de ses largesses ceux qui l'entourent, il nous offre des cigares, des oranges.... Est-ce avec ses appointements qu'il peut trouver à avoir un tel superflu? Mystère !

Nous partons chargés de tout l'attirail du peintre ; Mohamed, bien entendu, ne porte rien; il a bien assez de se draper et de se redraper à tout moment; sa melayeh neuve l'agace, elle est encore raide et n'a pas pris la souplesse désirable pour l'envelopper convenablement; aussi il ne fait que la quitter et la remettre, à la grande admiration de Georges, qui n'aurait jamais cru qu'un morceau d'étoffe pût prendre tant de formes variées.

Les tombeaux sont hors de la ville. C'est le précieux Mohamed qui nous guide. Je m'aperçois qu'au lieu de nous mener du côté des montagnes où nous devons aller, il nous dirige sur la route de Suez. Je lui en fais l'observation ; il insiste dans son sens. Alors je monte sur une éminence et je vois derrière nous les hauts minarets des monuments que nous allons visiter. Je ne sais décidément pas ce que l'intelligent Mohamed a compris. Il n'y a du reste pas d'explication à avoir avec lui, cet interprète improvisé ne sait pas trois mots de français.

Bientôt, nous apercevons l'ensemble des édifices. C'est une suite de suberbes mosquées , de la plus belle époque sarrazine, et qui, malgré leur splendeur, sont maintenant complètement abandonnées au milieu des sables. Le site est tout-à-fait désert et désolé et si nous n'avions avec nous pour gardien le courageux Mohamed, nous pourrions ne pas être rassurés au milieu de ces palais dont les dômes effondrés et les minarets chancelants attestent l'abandon.

Tout d'un coup arrive sur nous un *cavas* à l'œil furieux. Il apostrophe notre bédouin et paraît lui dire des choses fort désagréables. L'intrépide Mohamed se met à trembler de tous ses membres, et voyant que nous n'avons pas compris de quoi il s'agit, pour plus de sûreté il se sauve.

Comme le cavas ne nous dit rien, nous allons à la poursuite de notre guide valeureux, qui nous crie, terrifié, en nous montrant un des monuments dont nous faisions le tour :

— Cartouka !..

Je sais qu'en espagnol cela veut dire *chartreuse*, de sorte que je ne comprends pas du tout.

Mais Georges, qui a la chance de ne pas connaître la langue du Cid, réfléchit que cela peut signifier *cartouche*, et nous comprenons que probablement on a établi dans cette immense mosquée un magasin de poudre. En effet, nous voyons tout autour une ligne de factionnaires cachés dans le sable et que nous n'avions pas aperçus au premier abord.

Cet édifice est le seul qui soit un peu entretenu, les autres tombeaux, qui sont nombreux et splendides, forment une ville de mosquées magnifiques, et grâce à l'incurie orientale, ils ne seront bientôt que des amas de ruines.

J'y ai trouvé plusieurs pierres provenant d'anciens temples égyptiens, dont les débris ont servi à ces constructions. Du reste, toutes les mosquées du Kaire ont pris leurs matériaux aux ruines de Memphis; c'était une carrière facile à exploiter et, on le comprend, d'une richesse inouïe.

Nous voyons dans la plaine de longs convois de chameaux qui vont aux mines de pierres du Mokatan ou qui en reviennent. Parfois plusieurs files de ces animaux sont accolées, ce qui fait un vrai régiment, et toutes les bosses de ces ruminants ondulent comme des vagues.

Au retour, Georges s'arrête pour dessiner un coin de rue, les passants s'attroupent, et selon l'usage, se mettent à rire.

— Ils me croient fou? demande le peintre à son bédouin.

— Si! répond celui-ci.

Dans la langue particulière à Mohamed, *si* veut dire *oui*.

— Et toi, continue l'artiste, me crois-tu fou?

— Oh si! riposte l'autre avec conviction.

Ainsi voilà que tout s'explique. Si Mohamed daigne protéger Georges, ce *roumi*, c'est qu'il le croit idiot, et que par conséquent il le vénère comme un saint, selon l'habitude des Egyptiens.

Mon camarade croyait avoir inspiré de la sympathie à ce mauricaud; ah! bien oui! c'est mieux que cela, c'est de l'adoration tout simplement.

8 janvier.

Je quitte le Kaire.

J'avais donné un bakchich à un employé pour être seul dans un wagon et le train sort de la gare sans qu'aucun voyageur ne monte avec moi. Mais à peine en route, je m'aperçois que nous sommes nombreux dans le compartiment.....

Pour bien comprendre ce phénomène il faut savoir que la plupart des Arabes n'ont pas de logement et qu'ils couchent dans les rues à la belle étoile ou dans les champs à l'abri des arbres.

Il faut savoir encore que, pendant l'hiver, les nuits sont très-froides en Egypte et que souvent il pleut à verse.

Il faut savoir de plus, que les gares de chemins de fer n'ont ici aucune barrière et que les wagons sont à la merci du premier venu.

Quand on sait tout cela, il est facile de comprendre que les indigènes, sans domicile connu, au lieu de s'enrhumer et de se mouiller en plein air, préfèrent de beaucoup passer la nuit dans les voitures des trains, surtout dans les voitures de première classe, qui sont mieux rembourrées.

Mais ce n'est pas tout !

Les savants entomologistes nous apprennent que les habitants de ce pays sont dévorés par une sorte de vermine blanche qu'on appelle vulgairement le pou arabe, et que les membres des Sociétés *linéennes* nomment.... je ne sais comment.

Or, les susdits habitants, qui sont constamment vexés par les.... choses, comme les nomment les savants, leur font une guerre acharnée (pas aux savants). De sorte que ces animaux aiment beaucoup mieux quitter les Arabes, qui les maltraitent et les nourrissent peu, pour venir sur les Européens, qui ont meilleur goût, dit-on.

Et comme ces petites bêtes sont fort intelligentes, comme elles savent que les Européens prennent souvent le chemin de fer, elles restent dans le train et entreprennent de dévorer les voyageurs.

Voilà pourquoi je n'étais pas seul dans mon compartiment.

J'arrive à Alexandrie. Il pleut à verse et jamais je n'y ai vu tant de boue. J'ai failli vingt fois me noyer pour venir de la gare à l'hôtel.

Je vois plusieurs chevaux tomber dans la vase et y étouffer.

Du 9 au 16 janvier.

Je m'embarque à bord du *Peluse*, de très-mauvaise humeur ; il pleut, je grelotte, et dans la
matinée on m'a volé mon porte-monnaie ; si bien
que je quitte Alexandrie comme un filou, ne
payant ni mon hôtel, ni ma voiture, ni ma barque.

Ce qui me console, c'est que l'on m'a installé
dans la cabine de Léon Bertrand, le joyeux
compagnon.

Après huit jours de tempêtes et de mal de mer,
je touche à Marseille par un soleil superbe et
une chaleur telle que je me demande si à mon
retour d'Egypte, je pourrai m'habituer au climat brûlant de la France.

FIN.

TABLE DES MATIÈRES

FIN DE LA TABLE.